Sibylle Rolf

Die Schüssel vor die Gäste setzen

Sibylle Rolf

Die Schüssel vor die Gäste setzen

Rechtfertigungspredigten

Fromm Verlag

Impressum / Imprint
Bibliografische Information der Deutschen Nationalbibliothek: Die Deutsche Nationalbibliothek verzeichnet diese Publikation in der Deutschen Nationalbibliografie; detaillierte bibliografische Daten sind im Internet über http://dnb.d-nb.de abrufbar.

Bibliographic information published by the Deutsche Nationalbibliothek: The Deutsche Nationalbibliothek lists this publication in the Deutsche Nationalbibliografie; detailed bibliographic data are available in the Internet at http://dnb.d-nb.de.

Coverbild / Cover image: www.ingimage.com

Verlag / Publisher:
Fromm Verlag
ist ein Imprint der / is a trademark of
OmniScriptum GmbH & Co. KG
Heinrich-Böcking-Str. 6-8, 66121 Saarbrücken, Deutschland / Germany
Email: info@frommverlag.de

Herstellung: siehe letzte Seite /
Printed at: see last page
ISBN: 978-3-8416-0433-0

INHALTSVERZEICHNIS

Predigen heißt: die Schüssel vor die Gäste setzen

In einer Predigt hat Martin Luther einmal gesagt: „Predigen heißt: anrichten, auftragen und die Schüssel vor die Gäste setzen."[1] Genau so hat der Reformator gepredigt: Appetitanregend, um seinen Zuhörern und Zuhörerinnen Lust zum Glauben zu machen. Darum fasst das Predigtzitat sowohl Luthers Predigt*verständnis*, als auch seine Predigt*weise* zusammen: ein Prediger soll in seiner Predigt so lockend zum Herzen der Zuhörenden sprechen, dass sich ihnen das Evangelium von der Barmherzigkeit Gottes, die sich in Jesus Christus zu uns auf den Weg gemacht hat, als wahr erschließt und sie dem Evangelium ihr Vertrauen schenken. Dieses Predigtverständnis spiegelt die zentrale reformatorische Erkenntnis: die Rechtfertigung des Gottlosen durch Gottes Barmherzigkeit, *sola gratia et sola fide*: Die Gnade Gottes kommt dem Menschen von Gott her *sola gratia* entgegen, und sie will mit dem Herzen gehört werden und im Glauben *sola fide* die Antwort finden: „dies hat er alles uns getan."[2]

Martin Luther geht davon aus, dass sich im *Zuspruch* der Rechtfertigung die Rechtfertigung des Gottlosen selbst ereignet: wenn ein Mensch dem Zuspruch glaubt – „in Gottes Augen bist du gerecht und geliebt", aber auch: „dir ist vergeben" – und in seinem Herzen diesem Zuspruch traut, dann *ist* er vor Gott ein gerechter Mensch. Darum hat die Predigt für den Reformator ein solch großes Gewicht, denn sie stellt dem hörenden Menschen Sonntag für Sonntag die Rechtfertigungsbotschaft vor Augen – sie setzt die Schüssel vor die Gäste, und zwar so appetitanregend, dass Hörer und Hörerinnen sich einladen lassen zuzugreifen und sich ihnen die Erkenntnis erschließt:

---

[1] Am 25.3.1540, WA 49, 74,25 f.

[2] Im Weihnachtsoratorium von J. S. Bach erfüllt der Choral genau diese Funktion: die Antwort der Zuhörenden auf die Tat Gottes anzuzeigen: *Dies hat er alles uns getan*, Sein groß Lieb zu zeigen an; Des freu sich alle Christenheit / und dank ihm des in Ewigkeit. Kyrieleis!

ich selbst stecke in dieser Geschichte, ich sitze am Tisch. In dieser Erfahrung wird der Zuspruch des Evangeliums Wirklichkeit: du bist gerecht und geliebt.

Predigen im 21. Jahrhundert unterscheidet sich vom Predigen im 16. Jahrhundert.[3] Wir predigen mit anderen Worten, anderen Bildern und zu anderen Menschen. Wir können nicht mehr als selbstverständlich voraussetzen, dass unsere Hörer und Hörerinnen in ihrer Kirche fest verwurzelt sind. Nur noch wenige Menschen würden von sich selbst sagen, dass sie auf der Suche nach einem gnädigen Gott sind.

Trotzdem bleibt die Grunderkenntnis der reformatorischen Lehre von der Rechtfertigung meines Erachtens auch für das Predigen in der Gegenwart ein hermeneutischer Schlüssel: die Erkenntnis, dass ich nichts dazu tun muss, damit ich mit Liebe angesehen werde. Die Erkenntnis, dass Gottes Barmherzigkeit einen Freiheitsraum eröffnet, in den ich eintreten und in dem ich aufatmen und meine Last ablegen darf. Die Erkenntnis, dass Gottes barmherziger Blick mich in der Tiefe ansieht und erkennt, mich aber nicht verstößt, sondern bei allem, auch bei allem, was ich anderen, mir selbst und Gott schuldig geblieben bin, mit Liebe anblickt. Diese Erkenntnis will mit dem Herzen, dem Zentrum personaler Existenz, ergriffen werden, weswegen Predigten auch in der Gegenwart „zum Herzen sprechen" wollen.[4]

Weil es sich um eine *Herzens*erkenntnis handelt, ist die Erkenntnis der Rechtfertigung anfechtbar und zerbrechlich. Sie muss immer wieder erinnert und verkündigt, immer wieder von neuem ergriffen werden. Die re-

---

3 Ich verzichte auf eine ausführliche Bibliographie. Vgl. zur neueren homiletischen Diskussion exemplarisch nur A. Grözinger, Homiletik, Gütersloh 2008.

4 Vgl. zu Luthers Rechtfertigungspredigt und seinem Verständnis der *Zurechnung* meine Habilitationsschrift: S. Rolf, Zum Herzen sprechen. Eine Studie zum imputativen Aspekt in Martin Luthers Rechtfertigungslehre und zu seinen Konsequenzen für die Predigt des Evangeliums, Arbeiten zur Systematischen Theologie 1, Leipzig 2008. Kurz gefasst auch S. Rolf, Predigen heißt: Die Schüssel vor die Gäste setzen. Martin Luthers Verständnis von *imputatio* in seiner Rechtfertigungslehre und seine Predigt der Rechtfertigung, EvTh 68, 2008, 32-49.

formatorische Formulierung *simul justus et peccator* macht deutlich, dass der Glaube und die Gerechtigkeit im Glauben nicht ein für allemal in unseren Besitz gelangen. Wir wandeln im Glauben, nicht im Schauen (2 Kor 5,7). Das Evangelium muss Woche für Woche gepredigt, die Schüssel vor die Gäste gesetzt werden, damit es immer wieder von neuem mit der Lebenswirklichkeit der hörenden Menschen „ver-sprochen" wird und sich ihnen das Vertrauen erschließt: dies hat er alles uns getan!

Die folgenden Predigten sind Rechtfertigungspredigten, obwohl der Begriff „Rechtfertigung" in keiner einzigen Predigt vorkommt. Ihr Grundanliegen ist es, in der Auslegung des biblischen Perikopentextes die Barmherzigkeit Gottes den Hörern und Hörerinnen so vor Augen (und vor Herzen) zu stellen, dass in ihren Herzen Vertrauen und Zuversicht geweckt wird und sie sich selbst als *gerechtfertigte* Menschen erfahren, auch wenn die wenigsten diesen Begriff verwenden würden. Die Predigten wollen einladen in Gottes Barmherzigkeits- und Freiheitsraum und „die Schüssel vor die Gäste setzen".

Die Predigten habe ich, so wie sie abgedruckt sind, als Vikarin und Pfarrerin der Badischen Landeskirche in den Jahren 2011 bis 2013 in den Kirchengemeinden Ladenburg, Weinheim-Oberflockenbach, Eppelheim und Oftersheim gehalten. Um der besseren Lesbarkeit willen ist der biblische Predigttext jeweils mit abgedruckt. Dass die Predigten auch im Lesen „zum Herzen sprechen", kann ich nicht bewirken, wohl aber der Wirkung Gottes des heiligen Geistes anvertrauen, der wirkt, wo und wann es Gott gefällt (*ubi et quando visum est Deo*, Confessio Augustana, 1530, Artikel 5).

Dazu wünsche ich „gesegnete Mahlzeit": schmecket und sehet, wie freundlich der Herr ist!

Oftersheim, am Reformationstag 2013.

3. Advent: Jesaja 40,1-11

Liebe Gemeinde,
wenn ich meinen Glauben in dieser Adventszeit in einem Satz zusammenfassen sollte, dann würde ich sagen: Glauben, das heißt vertrauen, dass die Wirklichkeit mehr ist als ich sehe. Genau darum geht es ja an Weihnachten: die Hirten sehen ein neugeborenes Kind in einer armseligen Hütte. Eltern, denen man unter normalen Umständen lieber kein Kind anvertraut hätte, so abgerissen und ärmlich sehen sie aus. Und so jung. Auf den ersten Blick eine von vielen gescheiterten Familien, die sich keine anständige Unterkunft leisten können. Und doch so viel mehr. Glauben, das heißt, vertrauen, dass die Wirklichkeit mehr ist als ich sehe. Vertrauen, dass die Botschaft des Engels wahr ist: der Retter, der Heiland ist geboren, Gott kommt, um die Erde zu besuchen. Aber so ganz anders als erwartet. Und ich sehe es erst auf den zweiten Blick. Die Könige sehen es auch erst auf den zweiten Blick, nachdem Herodes sie weiterschickt.
Für Johannes den Täufer, von dem an diesem dritten Sonntag im Advent das Evangelium erzählt, stimmt das auch: auf den ersten Blick sehe ich einen Spinner in der Wüste mit einem abgerissenen Gewand, der sich nicht anständig ernähren kann, sondern von Heuschrecken und Honig lebt. Später wird er gefangen genommen, weil er den Reichtum der Mächtigen anklagt, und er nimmt ein tragisches Ende. Eine von vielen gescheiterten Propheten-Existenzen, könnte man sagen. Aber wer ihm glaubt, spürt: da ist mehr. Dieser Mann spielt eine Rolle in einem größeren Drama, der lebt nicht in der Wüste, weil er es cool findet, sondern er erfährt sich von Gott beauftragt. Er soll die Menschen darauf vorbereiten, dass Gott selbst kommt, um seinem Volk nahe zu sein. Später haben die Menschen Johannes den Täufer und seine Predigt mit Texten aus der hebräischen Bibel gedeutet. Da war schon

einmal ein Prophet aufgestanden, der dem Herrn den Weg bereiten sollte. Von diesem Propheten erzählt heute unser Predigttext, und auch er beschreibt den Glauben als ein Vertrauen, dass die Wirklichkeit mehr ist als ich sehe.

(Jes 40,1-11) Tröstet, tröstet mein Volk!, spricht euer Gott. Redet mit Jerusalem freundlich und predigt ihr, dass ihre Knechtschaft ein Ende hat, dass ihre Schuld vergeben ist; denn sie hat doppelte Strafe empfangen von der Hand des HERRN für alle ihre Sünden. Es ruft eine Stimme: In der Wüste bereitet dem HERRN den Weg, macht in der Steppe eine ebene Bahn unserm Gott! Alle Täler sollen erhöht werden, und alle Berge und Hügel sollen erniedrigt werden, und was uneben ist, soll gerade, und was hügelig ist, soll eben werden; denn die Herrlichkeit des HERRN soll offenbart werden, und alles Fleisch miteinander wird es sehen; denn des HERRN Mund hat's geredet. Es spricht eine Stimme: Predige!, und ich sprach: Was soll ich predigen? Alles Fleisch ist Gras, und alle seine Güte ist wie eine Blume auf dem Felde. Das Gras verdorrt, die Blume verwelkt; denn des HERRN Odem bläst darein. Ja, Gras ist das Volk! Das Gras verdorrt, die Blume verwelkt, aber das Wort unseres Gottes bleibt ewiglich. Zion, du Freudenbotin, steig auf einen hohen Berg; Jerusalem, du Freudenbotin, erhebe deine Stimme mit Macht; erhebe sie und fürchte dich nicht! Sage den Städten Judas: Siehe, da ist euer Gott; siehe, da ist Gott der HERR! Er kommt gewaltig, und sein Arm wird herrschen. Siehe, was er gewann, ist bei ihm, und was er sich erwarb, geht vor ihm her. Er wird seine Herde weiden wie ein Hirte. Er wird die Lämmer in seinen Arm sammeln und im Bausch seines Gewandes tragen und die Mutterschafe führen.

Glauben, das heißt vertrauen, dass die Wirklichkeit mehr ist als ich sehe. Als die Menschen aus dem Volk Israel die Worte hören, die wir eben gehört haben, leben sie in einem fremden Land, weit weg von ihrer vertrauten Umgebung. Im 6. Jahrhundert vor Christus ist ihr Tempel von den Babyloniern zerstört worden, und, wie das die Eroberungspolitik der Babylonier war, die Oberschicht, die Menschen, die etwas zu bestimmen hatten, sind mitgenommen worden. Das babylonische Exil: für Juden ist das bis heute eine prägende Erfahrung ihrer Glaubensgeschichte.

Dort in Babylon, unter fremden Menschen, die eine fremde Sprache sprechen und fremde Götter anbeten, macht sich eine Stimmung von Verzweiflung und Trauer breit. Wir sind verlassen von Gott, sagen manche. Andere erinnern daran, wie Gott sein Volk immer wieder ermahnt hat, die richtigen Bündnisse zu schließen und ihn, den wahren Gott zu verehren. Gott bestraft uns, sagen sie. Er hat uns hierher führen lassen, weil wir ihn verlassen haben. Wir sind schuld an unserem Schicksal, wir haben es nicht anders verdient. Traurig und trostlos, so fühlt sich das Leben in Babylon an.

In diese Stimmung hinein spricht ein Prophet. Wir kennen seinen Namen nicht. Seine Botschaft ist bei den Worten des Propheten Jesaja gesammelt worden, der schon 150 Jahre früher gelebt hatte. Weil wir seinen Namen nicht kennen, wird er einfach „der zweite Jesaja" genannt. Deuterojesaja. Dieser Prophet sieht genau, wie verzagt die Menschen sind. Er weiß, dass der Tempel zerstört ist, der Ort, an dem Gott wohnt. Er sieht, dass das öffentliche Leben in Israel nicht funktionieren kann, weil alle Entscheidungsträger im Exil in Babylon sind. Er weiß, dass die Menschen immer wieder gewarnt worden sind und dass sie jetzt bitter leiden. Er sieht die Wirklichkeit in ihrer ganzen Trostlosigkeit.

Aber er verkündet eine Botschaft, die viel mehr verheißt, als man sehen kann: tröstet mein Volk, sagt Gott. Ich habe euch nicht vergessen. Ihr seid

wie Gras, so vergänglich wie die Feldblumen. Aber mein Wort, das hat Bestand. Und mein Wort ist: eure Schuld ist vergeben, ich komme zu euch, ich habe euch nicht vergessen. Ich trage euch, wie ein fürsorglicher Hirte seine Lämmer trägt und seine Schafe führt.
In einer trostlosen Wirklichkeit diesen Worten zu vertrauen, allein weil Gott sie sagt, das ist Glaube. Vertrauen wider allen Augenschein. Ein getrostes, ein trotziges Dennoch. Der Prophet spricht dieses Dennoch Gottes aus und sät einen Funken Vertrauen in die Verzagtheit. Einen Funken Hoffnung. Und auf einmal ist die Wirklichkeit mehr als ich sehe. Tröstet, tröstet mein Volk. Die ersten Worte hat Gott. Und diese Worte haben Bestand.
Für mich sind die Worte aus unserem Predigttext ganz dicht mit Musik verwoben, vor allem mit der Musik aus dem Messias von Georg Friedrich Händel. Praktisch jeder Vers von Jes 40 kommt innerhalb des Oratoriums vor, und die ersten Worte, die gesungen werden, heißen „Tröstet, tröstet mein Volk", Comfort ye my people. Stefan Zweig beschreibt in den „Sternstunden der Menschheit", wie Händel, als er am Messias gearbeitet hat, von einem verzweifelten zu einem getrosten Menschen geworden ist. Nach einem Schlaganfall zwar vollkommen genesen, ging es Georg Friedrich Händel doch nicht gut: die Schulden häufen sich, seine Schaffenskraft erlahmt, er fühlt sich von Gott verlassen. Als er das Libretto des Messias bekommt und eigentlich abwinken will, weil er kein großes Werk schreiben könne, sieht er die Eingangsworte: Comfort ye my people. Händel schreibt in drei Wochen sein großes Werk. Der Ruf: tröstet mein Volk eröffnet ihm einen Raum, den er selbst nicht gesehen hat. Als wenn der Himmel sich für ihn geöffnet hätte.
Glauben, das heißt vertrauen, dass die Wirklichkeit mehr ist als ich sehe. Glauben, das heißt, der Wirklichkeit Gottes Vertrauen schenken, wo Gott den Himmel aufreißt und uns einen Blick in seine Ewigkeit schenkt. Viel-

leicht sieht ja erst einmal alles vordergründig und auf den ersten Blick gar nicht himmlisch aus. Ein Kind in einer Futterkrippe unter ärmlichen Verhältnissen. Ein abgerissener Prophet in der Wüste. Ein Volk, das fern von seiner Heimat in Gefangenschaft lebt. Ein Komponist, der seine beste Zeit gehabt hat. Oder auch ein Alltag, der so gewöhnlich ist wie ein Alltag nur sein kann. Eine anstrengende Familie mit Eltern, die an allem etwas auszusetzen haben. Ein Mann, der seine Arbeit verloren hat. Eine Frau, die vor ein paar Tagen die Diagnose bekam: ein Tumor, die Chancen stehen schlecht. Ein Tag mit Ärger im Büro oder eine Begegnung mit einem Menschen, der mich verletzt. Der Tod eines Angehörigen.

In meiner und unserer Wirklichkeit geht es oft genug trostlos zu, und oft genug sieht die Wirklichkeit gar nicht aus, als wollte Gott etwas mit ihr zu tun haben. Glauben ist ein Vertrauen wider den Augenschein. An Gottes Dennoch festhalten und darauf vertrauen, dass Gott hier ist, in meiner Wirklichkeit, in meinem Leben, in meinem Streit, in meiner Verletzung und meiner Schuld, in meiner Krankheit, in meiner Verlassenheit und in meinem Tod. Glauben ist ein Vertrauen darauf, dass Gott in *meine* Wirklichkeit hineinruft: Tröstet, tröstet mein Volk! Dieses Wort bleibt, darauf kann ich mich verlassen, auch wenn wir Menschen und alles, was wir schaffen, vergänglich ist wie das Gras und die Blumen auf dem Feld.

Vor allem in diesem Advent halte ich daran fest: glauben, das heißt vertrauen, dass die Wirklichkeit mehr ist als das, was ich sehe. Gott erfüllt meine Wirklichkeit. Er hat sich unsere Welt ausgesucht, um uns darin nahe zu sein. Er kommt nicht so, wie ich es erwarte. Ich sehe ihn wahrscheinlich erst auf den zweiten Blick. Er kommt mit Macht, aber es ist keine laute, erschreckende, tosende Macht. Hier ist er, mitten im Dunkeln, dort wo ich bin, um das Dunkel mit seiner Herrlichkeit zu erfüllen, wie es der zweite Jesaja uns verheißen hat. Gott will im Dunkel wohnen und hat es doch erhellt. Der Heiland hat die Himmel aufgerissen. Amen.

4. Advent: 2. Korinther 1,18-22

2 Kor 1,18-22
18 Gott ist mein Zeuge, dass unser Wort an euch nicht Ja und Nein zugleich
ist. 19 Denn der Sohn Gottes, Jesus Christus, der unter euch durch uns gepredigt worden ist, durch mich und Silvanus und Timotheus, der war nicht
Ja und Nein, sondern es war Ja in ihm. 20 Denn auf alle Gottesverheißungen
ist in ihm das Ja; darum sprechen wir auch durch ihn das Amen, Gott zum
Lobe. 21 Gott ist's aber, der uns fest macht samt euch in Christus und uns
gesalbt 22 und versiegelt und in unsre Herzen als Unterpfand den Geist gegeben hat.

Liebe Gemeinde,
Wahrscheinlich haben sie sich nie getroffen. Wir wissen es nicht. Aber reizvoll wäre es doch, sich vorzustellen, sie hätten eine Brieffreundschaft miteinander gehabt: Maria, die Mutter Jesu, und Paulus, der Apostel der Völker. Sich zumindest vorzustellen, Maria hätte den einen oder anderen Brief des Paulus gelesen und darauf geantwortet. Auf diesen Brief hätte sie vielleicht folgendes zurückgeschrieben:

Lieber Paulus,
Deine Worte klingen verletzt, fast ein bisschen trotzig. Es gab wohl Probleme in Korinth. Die Korinther haben dir Unaufrichtigkeit vorgeworfen. Er sagt Ja und meint Nein. Das hat dich getroffen. Deshalb schreibst du jetzt. Mich beeindruckt, wie tief du alles durchdenkst.

Ach, Paulus, Ja sagen und Nein meinen. Das ist so ein Problem. Uneindeutigkeit: Wenn jemand etwas gefragt wird, nickt er heftig – Ja, natürlich –

und denkt doch etwas ganz anderes: Vielleicht... Unaufrichtigkeit. Ich gebe zu, ich mache das manchmal auch. Warum eigentlich? Vielleicht habe ich Angst, klar Ja oder Nein zu sagen, weil ich spüre, dass mein Gegenüber etwas von mir erwartet. Ich lasse mir eine Hintertür auf. Erst mal Ja sagen und dann mal sehen. Aber es muss gar nicht immer feige sein: Es gibt auch eine Unaufrichtigkeit aus Liebe. Die Frau, die ihrem Mann nicht erzählt, wie hinter seinem Rücken über ihn geredet wird. Der Vater, der seiner Tochter nichts von seiner Krankheit erzählt. Manchmal sind wir unaufrichtig, weil wir die schützen wollen, die wir lieben. Und weil wir die Wirklichkeit nicht anders ertragen können. Was muss das für eine Welt sein, in der wir keine Unaufrichtigkeit mehr brauchen?

Ein ganz schön großer Anspruch, den du da hast, Paulus. Woher nimmst du eigentlich die Kraft? Hast du gar keine Zweifel? Schwimmst du nie zwischen Ja und Nein? Ich musste lange darüber nachdenken. Bei einem Wort bin ich hängen geblieben. Gott ist mein Zeuge, schreibst du. Jakobus, mein Sohn, hat mir übersetzt, dass das Wort „Zeuge" auch „der Treue" bedeuten kann. Vielleicht meinst du es so: Gott ist dein treuer Zeuge, und darum kann dein Wort, Paulus, eindeutig sein. Weil Gott es eindeutig macht. Denn Gott ist eindeutig: Er will für dich das Leben. Er verlässt dich nicht. So wie er sein Volk nicht verlassen hat. Der eindeutige, der treue Gott.

Dann habe ich verstanden: Ich kann nicht eindeutig sein, wenn ich Angst habe vor dem, was passieren könnte. Wird der Mann, hinter dessen Rücken geredet wird, sich furchtbar aufregen und seine Wut vielleicht gegen seine Frau richten? Wird die Tochter, die von der Krankheit des Vaters erfährt, sich von ihm abwenden? Wenn ich Angst habe vor dem, was passieren könnte, sage ich Ja und meine Nein oder Vielleicht. Ich lasse mir eine Hintertür auf. Das haben die Korinther dir unterstellt, Paulus. Aber du sprichst von Gottes Treue. Er verlässt dich nicht. Darum kannst du Ja sagen und Ja meinen — oder Nein sagen und Nein meinen. Und selbst auch verlässlich sein. Gottes Ja, so nennst du es. Paulus, ich hätte das vielleicht nicht so schön sagen können wie du. Aber deine Worte rühren mich an: Jesus Christus ist Gottes eindeutiges Ja. Gott sagt: Ich verlasse dich nicht.

Als mich der Engel damals besucht hat, habe ich das gespürt. Ich habe nicht alles begriffen. Wer hätte das schon! Aber ich wusste, dass etwas Großes geschehen würde. Ich fühlte mich überhaupt nicht groß. Ich war doch nur ein Mädchen aus einer einfachen Familie! Ziemlich jung. Noch nicht einmal verheiratet. Aber zu mir hat Gott Ja gesagt. Und mit mir hat er sein Ja hören lassen!

Gottes Ja war ganz anders als alle Jas, die ich kannte. Ich habe am eigenen Leib erlebt: Gott macht die Armen reich und holt die aus dem Staub, die keiner sehen will. Gott sagt Ja zu den Kleinen! Zu denen, mit denen niemand spricht. Die sonst höchstens Vielleicht oder sogar Nein hören. Gott sagt Ja zu mir! Ich war so überwältigt, dass ich singen musste: „Meine Seele erhebt den Herrn, und mein Geist freut sich über Gott, denn er hat große Dinge an mir getan“ (Lk 1,46f.49*). Und wie habe ich über das Ja gestaunt: als ich spürte, dass die Geburt bevorsteht und wir kein Bett für unser Kind hatten. Als die ersten Besucher Hirten waren, Leute, die genauso wie ich nicht gerade zu den Angesehensten gehörten. Bisher hatte ich es vor allem so gekannt: Jemand sagt Ja zu mir: Ja, ich liebe dich, Maria, und meint: wenn du dies tust oder jenes. Wenn du dir Mühe gibst. Wenn du dich zusammenreißt. Es gab in meinem Leben Ausnahmen und Augenblicke ohne Wenn. Meine Eltern. Josef. Freunde. Aber die Ausnahmen waren selten. Bei Gott war es anders. Es gab überhaupt kein Wenn. Nur Ja: Ja, Maria, ich brauche dich. Ja, ich komme zu dir.

Und du, Paulus: für dich muss Gottes Ja genauso überraschend gewesen sein. Die Korinther sind schnell bei der Hand mit einem Aber: Ja, Paulus, wir erkennen dich als Apostel an — aber du bist doch überhaupt nicht aufrichtig zu uns! Und hätte nicht auch Gott dir sagen können: Ja, Paulus, du sollst mein Apostel sein, aber eigentlich bist du ein schlimmer Hund, Christenverfolger, der du bist! Ändere dich erstmal! Paulus, du hättest das wahrscheinlich normal gefunden, denn so läuft das doch meistens unter Menschen. Kein Ja ohne Wenn und Aber. Kein Ja, das nicht auch ein bisschen Nein in sich hat. Zumindest eine Hintertür. Gottes Ja ist anders. Ohne Wenn und Aber. Jesus, schreibst du, ist Gottes Ja. Zu mir ist er gekommen. Zu dir. Zu den Hirten. Zu denen, mit denen sonst niemand spricht: Zöllner und Sünder. Zu den Kindern. Und zu den Kranken und Sterbenden.

Als der Engel an jenem Tag, als alles begann, fertig geredet hatte, habe ich geantwortet: mir geschehe, wie du gesagt hast. Paulus, du schreibst, dass wir auf Gottes Ja unser Amen sprechen. Erst Ja, dann Amen. Amen, das bedeutet: so sei es, oder: ich glaube es. — Bei mir war es so. Ich konnte gar nicht anders als mein Herz zu öffnen für das, was mir entgegen floss. So erfüllt war ich: mich, das junge unverheiratete Mädchen, wählt Gott aus. Für mich hat er eine Aufgabe! Ich war überwältigt. Und in meinem Herzen waren noch lange all die Worte, die der Engel gesagt hat. Später auch die Worte der Hirten. Lange habe ich alles in meinem Herzen bewegt.

Aber später... Da ist mir das Amen manchmal ausgegangen. Und mein Herz war leer. Ich habe das Ja nicht immer so deutlich gehört wie zu Beginn. Vieles andere hat sich davor geschoben. Als Jesus mit 12 im Tempel abgehauen ist und sich nicht um die Sorgen seiner Eltern gekümmert hat. Oder als er seine Brüder und mich einfach stehen gelassen hat. Und dann am Kreuz. Da war erstmal kein Ja mehr. Nur noch Nein. Alles vorbei, dachte ich. Ach, Paulus, es sind so viele Stimmen in uns, die das Ja übertönen. Angst. Sorgen. Wut. Schmerz. Der Zweifel, ob das *Ja* nicht doch ein *Ja, wenn* oder ein *Ja, aber* ist. Oder ein *Vielleicht*. Und das *Nein* des Todes schreit so viel lauter als das *Ja*.

Und dann ist etwas merkwürdiges geschehen. Als ich unter dem Kreuz stand und meinen Sohn sah, der qualvoll starb, und alles in mir Nein rief, da habe ich das Ja wieder gehört. In meinem Herzen habe ich gespürt, dass das Ja der Liebe stärker ist. Hier, im größten Leid und im tiefsten Elend. Zwischen zwei Schwerverbrechern. Hier habe ich es in seiner ganzen Eindeutigkeit gehört: Weil Gott uns liebt, weil er uns nicht verlassen will und weil er für uns das Leben will, kommt er mitten hinein in unser Elend und sagt Ja. Noch nicht einmal vor dem Tod schreckt er zurück, um auch zu denen, die tot sind, Ja zu sagen. Drei Tage später habe ich erlebt, dass es wahr ist. Das Ja war für mich nie so laut wie unter dem Kreuz und am Ostermorgen. Ein Ja, das stärker ist als das Nein des Todes. Denn es kennt das Nein, weil es das Nein selbst erlitten hat.

Als ich das in diesen Tagen erlebt habe, war es wieder so, dass ich mir nicht vorgenommen habe zu antworten. Sondern meine Antwort hat sich ganz von allein ergeben, weil das Ja der Liebe unwiderstehlich ist. Amen, ich glaube dir. Und das ist wohl das Amen, das du meinst: ich glaube dem Ja und stelle mich diesem Ja zu Verfügung. Dann strahlt das Ja in meinem Leben aus. Ich sehe es auch bei dir, Paulus. Und dann ist das Amen nicht das Ende, sondern der Anfang. Der Anfang eines neuen Lebens, in dem ich auf das Ja vertraue. Und in dem ich selbst Ja sage und Ja meine, nicht *Vielleicht* oder *Ja, wenn* oder *Ja, aber*.

Ich weiß, jetzt könnte alles so einfach sein. Aber manchmal sind meine Ohren zu verstopft für das Ja. Manchmal ist mein Herz nicht bereit für das Amen. Wahrscheinlich schreibst du deswegen vom Heiligen Geist. Du weißt ja, zum Heiligen Geist habe ich ganz besonderes Verhältnis. Aber im Ernst: ohne ihn könnten wir das Ja gar nicht hören. Gott macht unser Herz fest, schreibst du, indem er uns den Heiligen Geist geschenkt hat. Festmachen, das klingt gut. Wie ankommen im Hafen. Das ist so, als würden all diese Stimmen in mir zur Ruhe kommen, die das Ja übertönen. Mein Herz ist manchmal so unruhig wie ein Vogel. Wenn der Heilige Geist mein Herz festmacht und zur Ruhe kommen lässt, kann ich Amen sagen, weil ich mir Gottes Ja gefallen lasse.

Und welch ein Geschenk der Geist mitbringt: Siegel und Salbung! Ein Geschenk wie für Könige, kostbares, wohltuendes Salböl. Wie groß ist unser Leben durch Gottes Ja geworden: Er erhöht die Niedrigen! Bei dem Siegel denke ich an das Siegel auf einem Brief. Es zeigt, zu wem etwas gehört. Und wir, wir gehören zu Christus. Daran wird sich nichts ändern. Der Heilige Geist, schreibst du, ist der Vorschuss darauf, dass am Ende alle das Ja der Liebe ohne Wenn und Aber hören werden. Der Heilige Geist erinnert uns immer wieder an Gottes Ja. Er lässt unser Herz in Gottes Ja zur Ruhe kommen. Und er sagt uns: Gottes Ja ist das erste Wort in deinem Leben. Kein halbherziges Sowohl-Als auch, kein Ja... aber und kein Jein!

Paulus, jetzt verstehe ich besser, wie du es meinst: Freuet euch in dem Herrn allewege! Der Herr ist nahe! — Weil das Ja so überwältigend ist, stellt sich die Freude ein. Befohlen werden kann sie nicht. Sie ergibt sich. Sie freut sich über das Unglaubliche: Gott kommt und sagt Ja. Die Freude freut sich über das Kind in der Krippe und sogar über das Kreuz. Manchmal ist die Freude ein Jubel. Manchmal ein stilles Lächeln, das um das Ja weiß. Manchmal ein trotziges Doch gegen das Nein. Manchmal eine Sehnsucht. Aber die

Freude strahlt aus. Sie entzündet in uns die Kraft, Ja zu sagen und Ja zu meinen. Oder Nein zu sagen, wenn wir Nein sagen müssen. So wie bei dir und den Korinthern.

Lieber Paulus: Weil Gott eindeutig Ja ohne Wenn und Aber zu uns sagt, kann unsere Antwort nur sein: mir geschehe, wie du sagst. Oder eben, kurz und bündig, so sicher wie in der Kirche: Amen.

1. Weihnachtstag: 1. Johannes 3,1-6

1 Joh 3,1-6

1 Seht, welch eine Liebe hat uns der Vater erwiesen, dass wir Gottes Kinder heißen sollen — und wir sind es auch! Darum kennt uns die Welt nicht; denn sie kennt ihn nicht. 2 Meine Lieben, wir sind schon Gottes Kinder; es ist aber noch nicht offenbar geworden, was wir sein werden. Wir wissen aber: wenn es offenbar wird, werden wir ihm gleich sein; denn wir werden ihn sehen, wie er ist. 3 Und ein jeder, der solche Hoffnung auf ihn hat, der reinigt sich, wie auch jener rein ist. 4 Wer Sünde tut, der tut auch Unrecht, und die Sünde ist das Unrecht. 5 Und ihr wisst, dass er erschienen ist, damit er die Sünden wegnehme, und in ihm ist keine Sünde. 6 Wer in ihm bleibt, der sündigt nicht; wer sündigt, der hat ihn nicht gesehen und nicht erkannt.

Liebe Gemeinde,

Nicht gerade weihnachtlich klingt es, was Johannes uns zu sagen hat. Keine Hirten, keine Könige, keine Heilige Familie, keine Krippe. Noch nicht einmal Bethlehem. Der Predigttext fordert uns heraus. Aber vielleicht zeigt er uns damit gerade den Kern von Weihnachten. Drei Schritte geht er mit uns: sehen — erkennen — bleiben. Lassen Sie uns mitgehen.

Seht. Weihnachten ist das Fest des Sehens. Alles sieht so festlich aus. Bunte Kugeln. Der Baum. Kerzen. Glänzendes Geschenkpapier. Ich erinnere mich, dass ich als Kind, wenn ich ins Weihnachtszimmer gerufen wurde, staunend stehen geblieben bin vor dem Lichterbaum. Seht! Das können vor allem Kinder. Die meisten von uns sind schon lange keine Kinder mehr. Und trotzdem können wir uns anrühren lassen von dem, was es zu sehen gibt. Sehen wie Kinder, staunen, sich freuen. Und noch eines: Wir sind vielleicht

schon lange erwachsen. Aber wir bleiben Kinder. Kinder unserer Eltern. Das tragen wir ein Leben lang mit uns. Seht! Es gibt Zeiten, da wollen wir das gerne loswerden. Da sagt jemand: Mit meinen Eltern will ich im Moment nichts zu tun haben. Zu sehr schmerzt mich noch, was mein Vater immer von mir erwartet hat. Zu tief sitzt es, wie meine Mutter mich vereinnahmt hat. Es gibt aber auch Zeiten, da setzen wir uns damit auseinander, wo wir herkommen. Jemand sagt: Ich möchte verstehen, warum ich so geworden bin, wie ich bin. Meine Eltern haben mich geprägt. Ich werde sie nicht so einfach los. Oder jemand ist dankbar für das, was seine Eltern ihm in die Wiege gelegt haben. Wir bleiben Kinder — auch wenn unsere Eltern vielleicht gar nicht mehr leben.
An Weihnachten merke ich besonders, wie sehr ich Kind meiner Eltern bin. Papas Tochter. Mamas Sohn. Und überkreuz. Daran entzünden sich gerade an Weihnachten Konflikte: sollen wir den Baum mit Lametta schmücken so wie deine Eltern? Oder sollen Äpfel daran hängen? Gibt es Fondue wie bei dir zu Hause oder Karpfen, wie ihn meine Mutter immer gemacht hat?

Seht! Weihnachten ist eine Gelegenheit, euch zu sehen, wie ihr seid. Eure Geschichte zu sehen. Die Wahrheit, die unser Predigttext uns zumutet, liegt noch ein Stück tiefer. Wir sind Kinder unserer Eltern. Und wir sind, wie es Johannes nennt, Kinder der Sünde. Heiligabend ist auch nach evangelischem Kalender der Gedenktag für Adam und Eva, unsere Ureltern. Seht, wo ihr herkommt! Die Geschichte mit dem verlorenen Paradies, das ist auch unsere Geschichte. Im Mittelalter gab es am Heiligen Abend neben den Weihnachts-Krippenspielen Paradies-Spiele. Man hat Bäume aufgestellt, die immer grün sind: Tannenbäume mit Äpfeln dran, die an die Paradiesfrucht erinnern. Eines der Vorbilder für unseren Weihnachtsbaum.

Seht, wo ihr herkommt: heute, an Weihnachten. Auch das gehört zu mir. Die Geschichte der Sünde. Der Lieblosigkeit und der Lüge. Die Geschichte, dass einer die Schuld auf den anderen schiebt: Ich war's nicht, die Frau war's. Ich war's nicht, die Schlange war's. Und so weiter. Die Geschichte der Unfähigkeit, Verantwortung zu übernehmen. Auch in mir steckt es, das Eva-hafte. Der alte Adam.
Wir sind Kinder unserer Eltern. Evas Töchter und Adams Söhne. An Weihnachten manchmal ganz besonders. In vielen Weihnachtszimmern gehen wir lieblos mit denen um, die uns lieb sind. Seht! Gott sei Dank, das ist nicht die ganze weihnachtliche Wahrheit. Johannes setzt ganz anders ein. Seht, welche Liebe hat Gott uns erwiesen! Wir sollen *Gottes Kinder* heißen — und wir sind es auch!
Dass wir Gottes Kinder sind, das ist das *eigentliche*, das wir an Weihnachten sehen. Dazu müssen wir tiefer sehen als nur bis zur äußeren Schale. Dass wir Gottes Kinder sind, liegt verborgen wie unter Geschenkpapier. Auch andere können es nicht unbedingt sehen. Ich trage keinen Heiligenschein, Tochter Evas, die ich bin. Aber es gilt. Seit Weihnachten gilt es. Heut schleußt er wieder auf die Tür zum schönen Paradeis. Und der Paradiesbaum steht im Weihnachtszimmer. Seit meiner Taufe gilt es *für mich*: Du bist Gottes Kind. Auch wenn es Zeiten in deinem Leben gibt, in denen du eigene Wege gehen willst, du bist Gottes Kind. Sieh doch hin, und dann entdeckst du, was tiefer liegt als der Streit um Fondue oder Karpfen; was tiefer liegt als die Geschichte der Lieblosigkeit. Du bist nicht nur Kind deiner Eltern, du bist Gottes Kind, weil Gott sich zu dir auf den Weg gemacht hat — als ein Kind!

Das Sehen ist erst der Anfang. Dem Sehen folgt das Erkennen. Dass du Gottes Kind bist, verändert dein Leben. Du bist mehr, als man von außen sehen kann. Erkenne doch, wie sich das in deinem Leben auswirkt! — Gott hat uns nicht zu Einzelkindern gemacht. Wir gehören zusammen als Kinder Gottes. Also: weihnachtliche Harmonie?

Ich glaube, das Erkennen geht tiefer. Johannes malt in unserem Predigttext kein kitschiges Bild einer heilen Familie, in der alles unter den Teppich gekehrt wird, was nicht ins Bild passt. Sehen und Erkennen, wirklich Weihnachten feiern, das bedeutet: ich bekenne, wo ich lieblos bin. Ich bitte dich um Vergebung. Ich nehme deine Bitte um Vergebung an und verzeihe dir, wo du mich verletzt hast. Ich sehe nicht auf das, was uns entzweit. Sondern ich sehe tiefer, hinter die äußere Fassade. Du bist Kind deiner Eltern und Tochter Evas, Sohn Adams. Damit machst du es mir manchmal ganz schön schwer. Aber ich möchte dir anders begegnen: Ich sehe darauf, dass wir beide miteinander als Kinder Gottes verbunden sind. Darauf, dass wir beide Gottes Vergebung brauchen. Gemeinsam mit dir stelle ich mich an die Krippe, und wir lassen uns beschenken mit diesem Kind, das uns zu Kindern macht. Wir packen gemeinsam aus, und unter der Schale kommt zum Vorschein, dass wir beide Gottes Kinder sind.

Seht und erkennt! Ihr seid Gottes Mitstreiter gegen Lieblosigkeit! Ihr seid seit eurer Taufe Gottes Verbündete gegen das Böse — gegen das Böse, das ihr erfahrt, und gegen das Böse in euch. Weil ihr Gottes Kinder seid, bleibt das in eurem Leben nicht folgenlos. Gott will in euch und durch euch wirken.

Manchmal fängt es klein an. Ein Mann erkennt, dass er seinem Vater vergeben will, der ihn verlassen hat, als er ein kleines Kind war. Und er setzt sich hin und schreibt einen Brief. Eine Frau bittet um Kraft, ihrem Mann zu vergeben, dass er sie betrogen hat, und darum, ihm versöhnlich begegnen zu können. Und langsam und zart beginnt etwas zu fließen. Eine Schülerin beschließt, dass sie von ihrer Zeit abgeben will und macht Besuche im be-

nachbarten Altenheim. Eine Kirchengemeinde entscheidet sich für Strom aus erneuerbaren Quellen.
Erkennt, was es in eurem Leben bedeutet, Gottes Kinder zu sein! Es beginnt klein, so wie das Kind in der Krippe. Aber es macht euch frei, zu Gottes Verbündeten gegen Lieblosigkeit zu werden.

Zu einem letzten Schritt fordert der Predigttext uns heraus: zu bleiben. Das ist die wahre Weihnachtskunst: Gottes Kinder sein und bleiben. Die Weihnachtsfreude mitnehmen, wenn wir von der Krippe wieder aufbrechen und in unseren Alltag zurückkehren. Wir können nicht stehen bleiben an der Krippe. Wir müssen weitergehen. So wie die Hirten weitergehen mussten, nachdem sie das Kind gesehen hatten. Aber vielleicht können wir auf unserem Weg die Krippe und das Kind, das uns zu Kindern macht, mitnehmen. Und so bleibt die Krippe bei uns. Und wir bleiben Gottes Kinder.
Martin Luther hat immer wieder gesagt: Gott ist kein Engel geworden, wie es vielleicht angemessen gewesen wäre. Er ist Mensch geworden, damit wir Menschen zu ihm gehören. Er gehört zur selben Familie wie wir. Das gilt. Du gehörst zu Gott, weil Gott zu dir gehören will. Du bist Gottes Kind. Diese Herkunft wirst du nicht wieder los. Gott steht jetzt auf deiner Seite. Wir müssen die Krippe nicht mitnehmen und tragen. Das würde uns viel zu schwer. *Gott* geht mit uns, weil er entschieden hat, an unserer Seite zu sein.
Aber Gott drängt sich nicht auf. Dass wir Gottes Kinder sind, hören wir leiser als viele andere Stimmen, die auf uns einreden und unsere Aufmerksamkeit haben wollen. In den letzten Wochen habe ich besonders laut gehört: Weihnachten wird unter dem Baum entschieden. Je toller die Geschenke, desto besser das Fest. Aber Weihnachten ist schon längst entschieden! Und nicht, weil ich es entschieden hätte, sondern weil Gott entschieden hat, dass er sich mir schenken will, dass er mich zu seinem Kind

macht und mit mir gemeinsam von der Krippe aus weitergeht, damit ich bei ihm bleiben kann, weil er bei mir bleibt.

Gottes Kind sein, Gottes Verbündete gegen das Böse und gegen Lieblosigkeit, das heißt, die Krippe mit sich tragen. Sich jeden Tag von dem Kind in der Krippe beschenken lassen. Gottes Kind sein und bleiben, das heißt sogar noch mehr: es heißt, selbst zur Krippe werden, in die Gott sich legt. Empfangen. Loslassen. Die alten Gewohnheiten loslassen. Die alten Bilder loslassen. Wer loslässt, hat die Hände frei. Auf einmal ist die Frage nach Lametta oder Äpfeln nicht mehr wichtig. Auf einmal kann ich vergeben, wenn mich jemand lieblos behandelt hat. Und ich muss nicht mehr darum *kämpfen*, wertgeschätzt, geliebt und geachtet zu werden. Denn ich empfange Gottes Kind, das mich zum Kind macht. Wer loslässt, wird frei, in Gott zu bleiben. Das ist das Geheimnis von Weihnachten: sehen — erkennen — bleiben. Das schönste daran: es wird uns geschenkt. Das eigentliche Weihnachtsgeschenk. Das Kind in der Krippe. Gleich am Tisch des Herrn. Amen.

Silvester 2012: Hebräer 13,14; Offenbarung 21,1-5

Liebe Gemeinde,
wie in einem Korb liegen die Erinnerungen aus dem Jahr 2012. Gute Erfahrungen: Grund zur Dankbarkeit. Erfüllte Zeit mit Freunden und in der Familie. Urlaubsreisen. Momente des Glücks. Momente, in denen wir einem anderen Menschen begegnet sind und uns verstanden gefühlt haben. Als wir ganz wir selbst sein durften, ohne Angst haben zu müssen, ausgelacht oder fallen gelassen zu werden. Bewältigte Prüfungen und Herausforderungen. Momente des Erfolgs. – Auch im Großen, in unserer Welt gab es gute Erfahrungen. Im April gewinnt in Myanmar die Opposition mit Aung San Suu Kyi die Wahl und beendete eine lange Zeit der Gewaltherrschaft. Im Sommer wird in Großbritannien mit den Olympischen Spielen eine große Party des Sports gefeiert. Lebensfreude steckt an. Im Dezember hält die Waffenruhe zwischen Israel und Palästina. Viel mehr könnten wir zusammentragen: Gutes im persönlichen Leben, in unserer Stadt, in unserem Land oder in der Welt.
Genauso wie auf gute Zeiten, blicken wir auf Erfahrungen zurück, die schwer waren. Tage und Stunden des Streits. Zeiten, in denen es anstrengend gewesen ist mit Menschen, die uns nahe stehen. Wenn eine Krankheit ins Leben eingebrochen ist oder wir Abschied nehmen mussten von einem Menschen, der uns lieb war. Traurige Tage. Tage der Angst. Stunden der Verzagtheit und Tage der Hoffnungslosigkeit. Auch sie gehören zu diesem Jahr dazu. Der Untergang der Costa Concordia im Januar. Flutkatastrophen und Erdbeben. Der Brand in der Behindertenwerkstätte in Titisee-Neustadt im November, der Amoklauf in den USA im Dezember. Noch viel mehr könnten wir einander mitteilen, miteinander teilen.

Wie in einem Korb liegen die Erinnerungen vor uns. Gute Erfahrungen, die ich wie einen Schatz voller Dankbarkeit trage, so als hätte ich Früchte geerntet, von denen ich zehren kann. Schwere Erfahrungen, die mich wie eine Last beschweren und daran hindern, schnell und leichtfüßig meinen Weg weiterzugehen.

Wie ein Wegweiser steht das Wort aus dem Hebräerbrief am Weg in das neue Jahr: „wir haben hier keine bleibende Stadt, sondern die zukünftige suchen wir" (Hebr 13,14). Wie ein Wegweiser auf unserem Weg durch die Zeit.

Als der Hebräerbrief geschrieben worden ist, liegt die Auferstehung Jesu Christi schon einige Zeit zurück. In den ersten Jahren hatten die Christen noch gedacht: *jetzt* kommt das Ende der Welt. Wir werden nicht mehr sterben, sondern jetzt, da Christus auferstanden ist, werden wir folgen. Wir werden nicht alle entschlafen, hatte Paulus noch geschrieben (1 Kor 15,51). Es ist anders gekommen, die Welt ist nicht untergegangen. Auch schon damals nicht, genauso wenig wie am 21. Dezember 2012. Die Menschen waren verunsichert. Als die ersten von ihnen starben und begraben werden mussten, ist ihnen ihre Vergänglichkeit bewusst geworden. Sie haben erkannt: wenn Gottes neue Welt nicht jetzt kommt, dann müssen wir ja doch sterben. Auch unser Leben führt in den Tod.

Der Hebräerbrief nimmt diese Stimmung auf: wir haben hier keine bleibende Stadt. Alles, was ihr schafft, alles, was ihr habt, wird vergehen. Auch ihr selbst werdet vergehen. Jeder erlebt seinen persönlichen Weltuntergang. Alles Glück, das ihr erlebt, ist vergänglich. Alles, wofür ihr euch abrackert, wird irgendwann seine Zeit gehabt haben. In eurem Leben ist nichts von Dauer. Ihr geht auf den Tod zu.

Wenn einem Menschen seine Vergänglichkeit bewusst wird, kann das dazu führen, dass er resigniert und denkt: Es bleibt ja doch nichts. Ich werde ja doch sterben. Warum soll ich mich anstrengen? – Für einen anderen bedeutet es die Aufforderung, *jetzt* das Leben auszukosten und das beste für sich herauszuholen. Nach mir die Sintflut! Lasst uns essen und trinken, denn morgen sind wir tot. So wie bei den Partys, als neulich die Welt untergehen sollte. – Der Wegweiser, der an unserem Wegrand ins neue Jahr steht, eröffnet eine andere Sicht: „Wir haben hier keine bleibende Stadt." Unser Leben ist vergänglich. Jeder von uns wird vergehen. Irgendwann ist Schluss. „Sondern die zukünftige suchen wir." In Gottes Augen ist nicht Schluss. Der Blick weitet sich. Wir sind unterwegs durch die Zeit, ein Ziel vor Augen: die zukünftige Stadt, Gottes Zukunft für uns. Die zukünftige Stadt hatte schon Jeremia verheißen: ich weiß wohl, was ich für Gedanken über euch habe, spricht Gott: Gedanken des Friedens und nicht des Leides, dass ich euch gebe Zukunft und Hoffnung (Jer 29,11). Das letzte Buch der Bibel zeichnet mit wenigen Strichen ein Bild dieser Stadt der Zukunft:

(Off 21,1-5) 1 Und ich sah einen neuen Himmel und eine neue Erde; denn
der erste Himmel und die erste Erde sind vergangen, und das Meer ist nicht
mehr. 2 Und ich sah die heilige Stadt, das neue Jerusalem, von Gott aus dem
Himmel herabkommen, bereitet wie eine geschmückte Braut für ihren
Mann. 3 Und ich hörte eine große Stimme von dem Thron her, die sprach:
Siehe da, die Hütte Gottes bei den Menschen! Und er wird bei ihnen wohnen, und sie werden sein Volk sein und er selbst, Gott mit ihnen, wird ihr
Gott sein; 4 und Gott wird abwischen alle Tränen von ihren Augen, und der
Tod wird nicht mehr sein, noch Leid noch Geschrei noch Schmerz wird
mehr sein; denn das Erste ist vergangen. 5 Und der auf dem Thron saß,
sprach: Siehe, ich mache alles neu!

Der neue Himmel, die neue Erde, das neue, das himmlische Jerusalem, in dem Gott bei seinem Volk, bei *uns*, wohnen wird: das ist die Zukunft Gottes. Die Zukunft Gottes, in der es keinen Tod und keine Tränen mehr geben wird, weil Gott alles neu macht. Auf dem Bild der Karte führt der Weg gerade hinein in die goldene Stadt. Ich sehe nur Umrisse, noch keine scharfen Konturen. Wie genau es sein wird, weiß niemand von uns. Aber Gott hält die Stadt der Zukunft für uns bereit. Mit der Auferstehung Christi hat Gottes Zukunft begonnen: die Zukunft, in der kein Tod mehr sein und Gottes Liebe alles umgreifen und umfassen wird. Darauf können wir uns verlassen. Jetzt ist Gottes Zukunft, die zukünftige Stadt noch verborgen, aber sie ist uns verheißen als Ziel unseres Lebensweges, als Ziel unserer Welt.

Das Jahr 2012 wird in einigen Stunden zu Ende sein. Auch unsere Erfahrungen im Jahr 2013 werden nicht ewig bleiben. Das Glück des neuen Jahres wird genauso vergänglich sein wie der Schmerz. Auch wenn beide, Glück und Schmerz, Ewigkeit für sich beanspruchen werden. Und der Schmerz und das Leid werden im neuen Jahr wieder lauter schreien als das Glück und die Liebe. Auch 2013 werden Menschen leiden und sterben. Auch 2013 werden Christen verfolgt und Kirchen angezündet werden. Auch 2013 wird es viel zu viele Kinder geben, die auf der Flucht sind und nicht genug zu essen haben. Auch 2013 werden in unserem Land viel zu viele Menschen nicht teilhaben können am Wohlstand der anderen und nicht wissen, wie sie am Monatsende ihre Familie oder sich selbst gesund ernähren können. Unterwegs zu sein in Gottes Zukunft lässt uns nicht unempfindlich werden für die Not anderer. Im Gegenteil.

Der Wegweiser an unserem Weg durch die Zeit zeigt, dass wir nicht nur hier und jetzt mit Christus verbunden sind, sondern in ihm bleiben werden bis in Ewigkeit. Die zukünftige Stadt steht vor uns, wir müssen nicht zittern und zagen, ob sie wohl kommt, und wir müssen sie nicht erst mühsam erbauen. Wir gehen auf Gottes Ewigkeit zu. In der zukünftigen Stadt hat jeder von uns Wohn- und Bleiberecht. Gott hat an Ostern den Grundstein gelegt. Diese Verheißung befreit zum Leben. Hier und Jetzt. Für unsere letzte Zukunft ist gesorgt. Damit haben wir die Hände frei, uns anderen zuzuwenden und uns dem zu widmen, was wir Tag für Tag an unserem Weg wahrnehme. Jeder Tag wird für das Seine sorgen, hat Christus uns in der Evangeliumslesung gesagt. Letztendlich lehrt uns die Jahreslosung für 2013 die Kunst des Lebens genauso wie die Kunst des Sterbens. Beides liegt in Gottes Hand. Unsere Zeit liegt in Gottes Händen, er umfasst Vergangenheit und Zukunft, Ausgang und Eingang. Lehre uns bedenken, dass wir sterben müssen, auf dass wir klug werden.

Wie werden wir klug? Wir werden klug, wenn wir die richtigen Maßstäbe finden. Wenn wir Vergängliches nicht aufblasen, weil es sich als ewig ausgibt. Keine Wirtschaftskrise ist der Weltuntergang. Kein Wahlerfolg ist die letzte rosige Zukunft. Kein Versagen eines Prominenten stellt alles in Frage, und mag er auch noch so wichtig sein in Politik oder Gesellschaft. Keine Leistung in unserem persönlichen Leben verändert den Lauf der gesamten Welt. Wir werden klug, wenn wir Gelassenheit lernen. Wenn wir unser Herz nicht an Dinge hängen, die vergänglich sind. Wenn wir uns nicht erschrecken lassen, weil jemand meint, er hätte unendliche Macht über uns. Unsere Würde hängt nicht an unserem Rang. Wir werden gelassen und dankbar, wenn wir unser Glück als endlich und doch als Vorgeschmack auf Gottes Ewigkeit begreifen. Wir werden klug, wenn wir unseren Weg gehen, Schritt für Schritt. Wenn wir uns denen zuwenden, die mit uns unterwegs sind. Wenn wir uns nicht sorgen.

Gottes Zukunft, in der Gott unsere Tränen abwischen wird und in der es kein Leid und keinen Tod mehr geben wird: keine Vertröstung auf das Jenseits. Sondern ein Wegweiser an unserem Weg. Ein Trost in dunklen Tagen, eine Orientierung in hellen Tagen. Marie Schmalenbach hat vor 100 Jahren gedichtet: „Ewigkeit, in die Zeit leuchte hell hinein, dass uns werde klein das Kleine und das Große groß erscheine, sel'ge Ewigkeit." Amen.

Epiphanias: Jesaja 60,1-6

Liebe Gemeinde,

Ich stelle mir vor, wie eine junge Frau in ihrem Wohnzimmer kniet. Vor ihr liegen Kartons. Vorsichtig wird sie alle Figuren einpacken und in den Keller bringen. Sie streicht noch einmal über die Krippe. Das dunkle Holz fühlt sich warm und weich an. Das Kind in der Krippe blickt sie an. Ich steh an deiner Krippen hier, hatten sie am Heiligen Abend gesungen. Jetzt ist Weihnachten vorbei. Morgen beginnt der Alltag. Ein bisschen wehmütig fühlt sie sich, so wie in jedem Jahr.

Sie nimmt ihren Lieblingshirten in die Hand. Auch die Hirten sind damals wieder aufgebrochen. Sie hatten was zu erzählen und haben vielen Menschen von dem berichtet, was sie in der Heiligen Nacht gesehen haben. So steht es bei Lukas. Auch Maria und Josef sind nicht im Stall geblieben, bis das Baby groß genug war. Sie mussten aufbrechen, um ihren Sohn vor dem Plan des Herodes zu schützen, die Kinder zu töten. Und auch die Weisen ziehen weiter – auf einem anderen Weg nach dem Auftrag des Engels. Die Krippe ist ein Ort, an den man kommt und von dem aus man wieder aufbricht. Kein Ort, an dem man bleibt. Sie findet diesen Gedanken tröstlich und beginnt die Figuren zu verstauen.

Auf dem Weg von der Krippe in den Alltag feiern wir Epiphanias. Worte aus dem Jesajabuch sind uns als Predigttext gegeben.

(Jes 60,1-6) 1 Mache dich auf, werde licht; denn dein Licht kommt, und die Herrlichkeit des HERRN geht auf über dir! 2 Denn siehe, Finsternis bedeckt das Erdreich und Dunkel die Völker; aber über dir geht auf der HERR, und seine Herrlichkeit erscheint über dir. 3 Und die Heiden werden zu deinem

Lichte ziehen und die Könige zum Glanz, der über dir aufgeht. 4 Hebe deine Augen auf und sieh umher: Diese alle sind versammelt und kommen zu dir. Deine Söhne werden von ferne kommen und deine Töchter auf dem Arme hergetragen werden. 5 Dann wirst du deine Lust sehen und vor Freude strahlen, und dein Herz wird erbeben und weit werden, wenn sich die Schätze der Völker am Meer zu dir kehren und der Reichtum der Völker zu dir kommt. 6 Denn die Menge der Kamele wird dich bedecken, die jungen Kamele aus Midian und Efa. Sie werden aus Saba alle kommen, Gold und Weihrauch bringen und des HERRN Lob verkündigen.

Ich stelle mir vor, wie der Prophet auf einem Hügel sitzt und auf den Zion blickt, den Tempelberg. Das Volk Israel ist aus dem babylonischen Exil heimgekehrt. Mit Hilfe der Perser sind sie aus ihrer Gefangenschaft befreit worden. Der persische König hat ihnen zugesagt, dass sie ihren Tempel wieder aufbauen können. Doch der Tempelaufbau geht schleppend voran. Sie haben keine triumphale Heimkehr Gottes zum Zion erlebt, wie es verheißen war.

Ich stelle mir vor, wie der Prophet auf dem Hügel sitzt. Finsternis bedeckt das Erdreich und Dunkel die Völker, denkt er. Wieder hat sich die Hoffnung nicht erfüllt. Gottes Herrlichkeit hat sich nicht auf der ganzen Welt durchgesetzt. Noch immer sind die Menschen ohne Orientierung. Es gibt noch Schmerzen, Tod und Leid, Unfrieden. Es ist früher Morgen. Da geht die Sonne auf über dem Zion. Und der Prophet denkt an die Worte: Gott sprach, es werde Licht. Und es ward Licht. Jeder Morgen, wenn die Sonne die Dunkelheit der Nacht beendet, erinnert daran, wie Gott einst das Licht von der Dunkelheit schied. Ist es nicht derselbe Gott, der uns zuruft: mache dich auf, werde licht, denn dein Licht kommt? Der Prophet spürt, wie sich sein Blick weitet. Wie seine Seele und sein Herz aufatmen. Gottes Herrlichkeit geht auf. Heute und hier. Mitten in unserer Stadt. Unsere Zeit wird von seiner Gegenwart erfüllt. Unsere Zeit wird Gottes Heute. Die aufgehende Sonne taucht den Zion in goldenes Licht. Über dir geht auf der Herr, und seine Herrlichkeit erscheint über dir.

Langsam erwacht das Leben an der Baustelle des Tempels. Die ersten Händler kommen und bieten ihre Waren an. Die persischen Steuereintreiber sammeln von den Tempelbediensteten Gold, Silber und Weihrauch ein, die Währungen, mit denen man Schulden bezahlt. Müsste es nicht anders herum sein? Der Prophet sieht ein Bild. Er sieht, wie alle Völker zum Zion kommen und Geschenke bringen. Gold und Weihrauch, die Gaben der Könige. Er sieht, wie alle Menschen sich auf den Weg zum Licht machen, um selbst ihr Leben zu lichten, licht zu werden und anderen ein Bote des Lichts zu sein. Wie die Macht- und Wirtschaftsverhältnisse umgekehrt werden, weil Gott kommt und seine Herrlichkeit erscheint. Die Mächtigen und Reichen werden nicht noch reicher, sondern alle kommen und bringen, was sie haben und geben können. Der Prophet strahlt vor Freude und macht sich auf, anderen von seinen Bildern zu berichten.

Mit den Bildern des Propheten hat Matthäus seine Erzählung von den Weisen gestaltet, die den neugeborenen Christus besuchen. Auf unseren Krippendarstellungen kommen sie aus allen damals bekannten Erdteilen. Einer aus Afrika, einer aus Asien und einer aus Europa. Die ganze Welt kommt nach Bethlehem, dorthin, wo Gottes Herrlichkeit erschienen ist. Sie bringen Gold und Weihrauch, das Geschenk der Könige. Dazu noch Myrrhe, ebenfalls eine wertvolle Gabe, aber auch ein Kraut, mit dem ein Leichnam gesalbt wird. Die Herrlichkeit des göttlichen Kindes liegt darin, dass er sein Leben geben wird. Er ist gekommen, um sich zu verschenken. Sein Weg führt von der Krippe ans Kreuz. Gott kehrt Erwartungen und Maßstäbe um.

Er macht sich klein und schutzlos. Und zeigt darin seine Größe und Herrlichkeit. Nicht triumphal. Sondern voller Liebe, verletzlich und zart, lebendig und unwiderstehlich.
Die Weisen auf dem Osten haben sich aufgemacht und Gottes Herrlichkeit in ihrer Welt entdeckt. An einem Ort, der unwahrscheinlicher nicht sein könnte. Ihre Gegenwart wird zu Gottes Heute: Heute ist euch der Heiland geboren. Als wissenschaftlich interessierte Sterndeuter hätten sie eine ungewöhnliche Himmelserscheinung wahrnehmen und in kluge Bücher eintragen können. Sie hätten ihre Fernrohre nehmen und vor ihre Haustür treten können. Aber sie lassen sich bewegen. Sie machen sich auf – und werden belohnt: mitten in ihrer Wirklichkeit erscheint die Wirklichkeit des unsichtbaren Gottes. Epiphanie, Erscheinung. Sie werden Zeugen des Wortes: Über dir geht auf der Herr, und seine Herrlichkeit erscheint über dir.

Ich stelle mir vor, wie ein junger Mann im Stadtpark hinter der Kirche in Eppelheim sitzt. Seine Tochter quietscht vergnügt auf der Schaukel. Als er den Kopf hebt, sieht er drei Kinder und einen Erwachsenen vorbei gehen. Einer trägt einen Stern, ein anderer eine Glocke aus Messing, aus der es raucht. Die Sternsinger, sagt die Frau, die neben ihm auf der Bank sitzt. Sie klingeln an der Tür des nächsten Hauses. Stern über Bethlehem, hört er sie singen. Seine Tochter hat sich auf seinen Schoß gesetzt und ist ganz still geworden. Wer sind die Männer, fragt sie. Und sie gibt sich die Antwort selbst: die bringen Licht! Als wären sie aus dem Stall durch die Zeit gereist, denkt ihr Vater. Sie erzählen uns von dem, was sie gesehen haben. Sie bringen den Weihnachtsstern. So als würde das Weihnachtslicht durch die Zeit in alle Welt strahlen. Er nimmt seine Tochter an die Hand, und gemeinsam gehen sie nach Hause. Zu Hause hat seine Frau die Krippenfiguren verstaut und den Weihnachtsbaum abgeschmückt. Sie macht das in jedem Jahr. Jedes

Jahr fällt es ihr schwer. Es ist, als würde sie denken, dass der Weihnachtsstern ausgeht und sie ein Jahr warten muss, bis es wieder hell wird. Da will sie lieber allein sein und schickt ihn mit der Tochter auf den Spielplatz.

Als die Haustür aufschließen, hören sie Gesang. Etwas ist anders in diesem Jahr. Seine Frau geht ihnen entgegen. „Weißt du was?" sagt sie zu ihrer Tochter, „in diesem Jahr überlisten wir die Dunkelheit. Weihnachten ist vorbei, aber wir nehmen es einfach mit. Auch wenn die Figuren wieder im Keller sind, auch der Engel, den du so magst: wir lassen das Licht nicht ausgehen." Ihre Tochter blickt sie mit großen ernsten Augen an. „Wir können ja den kleinen bunten Stern dort in der Ecke hängen lassen", sagt sie. „Dann leuchtet der Stern, bis wir die Krippe wieder auspacken, und Gott ist bei uns." Ihre Augen leuchten. So als würde sie Licht in sich tragen.

Der Vater blickt seine Frau an. Er spürt: *Heute* leuchtet der Stern über uns. Mitten am Tag. In unserem Haus. Als würde Gott unsere Zeit verändern. Auf einmal fühlt der Moment sich anders an. Erfüllt von Gottes Heute. Seine Tochter hat sich aufgemacht, licht zu sein, weil sie das Licht entdeckt hat. Und so ist es wohl: der Weihnachtsstern geht nicht aus. Er ist über mir aufgegangen. Er geht mit mir, weil er sich verschenken will. Der Mann nickt. Der Stern bleibt hängen, das ganze Jahr. Versteckt, aber sichtbar genug. Er will täglich ein paar Minuten davor verweilen. „Lasst es uns noch einmal singen", sagt er. „Auch wenn die Figuren im Keller sind: Gott schickt uns nicht mit leeren Händen von der Krippe weg. Der Stern geht mit." Als er die Worte singt, wird ihm weit ums Herz. „Da ich noch nicht geboren war, da bist du mir geboren." Ja, denkt er, noch bevor ich denken konnte, gab es dich für mich. Aber es ist nicht einfach lange her und vergangen. Du bist nicht nur vor 2.000 Jahren in Bethlehem erschienen, sondern erscheinst aller Welt zu aller Zeit. Wenn deine Gegenwart mitten in meinem Jetzt zu meinem Heute wird, dann geht deine Herrlichkeit auf über mir. Epiphanias.

Dann wird meine Wirklichkeit erfüllt von deiner Herrlichkeit. Vielleicht anders als erwartet, aber nicht weniger wirklich. Amen.

Septuagesimae: Lukas 17,7-10

Lukas 17,7-10

7 Wer von euch hat einen Knecht, der pflügt oder das Vieh weidet, und sagt ihm, wenn der vom Feld heimkommt: Komm gleich her und setz dich zu Tisch? 8 Wird er nicht vielmehr zu ihm sagen: Bereite mir das Abendessen, schürze dich und diene mir, bis ich gegessen und getrunken habe; danach sollst du auch essen und trinken? 9 Dankt er etwa dem Knecht, dass er getan hat, was befohlen war? 10 So auch ihr! Wenn ihr alles getan habt, was euch befohlen ist, so sprecht: wir sind unnütze Knechte; wir haben getan, was wir zu tun schuldig waren.

Liebe Gemeinde,

„Gotcha!“ würde man in England sagen: I got you — hab ich dich. Unser Predigttext ist eine typische Gotcha-Geschichte, eine Geschichte, die mich Schritt für Schritt in die Zustimmung verwickelt. Und am Ende die Überraschung. Gotcha.

Die Zeit: die antike Gesellschaft. Die Zuhörer: ganz normale Menschen. Jeder von ihnen hat mindestens einen Sklaven oder eine Sklavin. Jetzt die Fragen: wer von euch hat einen Knecht, von dem er nicht eine ordentliche Arbeit erwarten würde? Einstimmiges Nicken. Und wer von euch würde seinem Knecht, wenn er von der Arbeit auf dem Feld kommt, jetzt die Pantoffeln bringen, damit er sich zur Ruhe setzen kann? Niemand, klar. Wer von euch würde nicht zustimmen, dass es zu den Aufgaben eines Knechts gehört, zuerst an seinen Herrn zu denken? Wieder einstimmiges Nicken. Manche der Zuhörer werden noch etwas kräftiger nicken als andere, weil sie sich an Streit erinnern, den sie genau darüber schon mit ihren Knechten und Mägden ausgetragen haben: zuerst der Herr, dann der Knecht. Und wer würde etwa seinem Knecht dafür danken, dass er die Arbeit tut, die von ihm erwartet wird? Ungläubige Blicke überall. Welch ein abwegiger Gedanke. Und dann: Nach aller Zustimmung die Überraschung. So auch ihr: ihr seid die Knechte. Gotcha.

Die Geschichte irritiert und überrascht. Manchen verärgert sie auch. Sie kann sich gut dafür eignen, Kirchenpolitik zu machen nach dem Motto: unnützen Knechten steht kein Dank zu. Den Mitarbeitern und Mitarbeiterinnen in der Gemeinde auch nicht. Sie sollten froh sein, dass sie überhaupt mitarbeiten dürfen. Demütiger Dienst im Hause des Herrn ist angesagt.
In manchen Gegenden Deutschlands soll Erich ein besonders beliebter Vorname sein: Großes Er, kleines Ich. Man muss kein Psychologe sein, um sich auszumalen, welchen Schaden Menschen davon nehmen können. Immer dann nämlich, wenn die Geschichte dazu gebraucht wird, die einen zu Knechten zu machen und die anderen zu Herren.

Noch aus einem anderen Grund irritiert mich die Erzählung. Anerkennung und Dank — das brauchen wir in unseren Beziehungen. Wenn Menschen miteinander leben, beruflich wie privat, dann fängt es an zu knirschen, wenn ich das Gefühl bekomme, meine Arbeit wird nicht wertgeschätzt.
Ich reibe mich auf, sagt ein Mitarbeiter, ich stehe für jede Arbeit zur Verfügung, ich bin bereit, mich einzusetzen und sogar Überstunden zu machen — aber mein Chef sieht nur, was nicht klappt. Wenn ich eine Kleinigkeit vergessen habe oder ein Projekt nicht so läuft wie gewünscht.
Die Mutter mit drei kleinen Kindern kann ein Lied davon singen, dass ihre Zeit mehr als ausgefüllt ist mit Aufräumen, Ordnung halten, Wäsche waschen, kochen, Windeln wechseln, Tränen trocknen, spielen und allem an-

deren, was Mütter so tun. Abends ist der Mülleimer nicht geleert — was Anlass zu einem saftigen Ehestreit wird.
Wenn Menschen das Gefühl haben: das, was ich tue, wird nicht wertgeschätzt und anerkannt, entwickeln sich Konflikte. Dagegen ein Dank, ein Kompliment, ein kleines Geschenk, ein liebevoller Blick — alles zeigt uns, dass andere sehen, wie wir uns bemühen und wie wir uns manchmal abrackern. Wo Menschen miteinander leben, ist das wichtig: in der Familie, in der Ehe, im Beruf und in der Gemeinde. Ich sage dir damit: ich sehe, was du tust. Ich erkenne an, was du tust. Und was du tust, wiegt in meinen Augen mehr als das, was dir nicht gelingt.

Die Geschichte hält dagegen: wenn ihr getan habt, was euch befohlen ist, so sprecht: wir sind unnütze Knechte. Erwartet keinen Dank für etwas, was selbstverständlich ist. Und das, was für mich eben noch selbstverständlich erschien, wird irritiert. Das Leben im Glauben ist anders, als ich es gewohnt bin. Schritt für Schritt wird mir das gezeigt auf dem Weg durch die Passion auf Ostern zu. Gott hält sich nicht an meine Erwartungen. Meine Erwartungen werden durchkreuzt.
So mache ich mich selbst auf den Weg. Stelle den Herrn zur Rede, diesen Herrn, der sich meinen Erwartungen entzieht und keinen Dank auf Knopfdruck ausspuckt.

Nach einem Tag mit sengender Hitze. Da steht er, der Teller mit Essen. Ich erwarte einen Dank oder wenigstens einen anerkennenden Blick. Habe ich nicht mit Liebe gekocht? Habe ich nicht Zeit dafür aufgewendet, etwas zuzubereiten, das ihn sättigt? Habe ich es nicht appetitlich angerichtet? Habe ich nicht nach all der Plackerei des Tages auch noch Kraft gefunden, ein Essen zu machen?

Der Dank bleibt aus. Statt dessen eine Frage. Warum *erwartest* du Dank? Und noch mehr Fragen: Was bringt dich eigentlich dazu, etwas zu tun? Tust du es um des Dankes willen? Hast du das Ergebnis im Blick — den Lohn, den du bekommen willst? Tust du es vielleicht, weil du dir wünschst, dass du geliebt wirst? Oder weil du aus der Anerkennung und dem Dank Selbstbewusstsein ziehen willst?

So wie diese:
Hanna reibt sich auf und übernimmt auch noch den einen Fall. Sie weiß genau, dass sie mit ihrer Kraft, mit ihrer Zeit und ihrem Arbeitspensum am Limit ist. Eigentlich kann sie nicht mehr. Aber auf eine merkwürdige Weise zieht die Vorstellung sie in ihren Bann, dass sie damit etwas erreicht. Es geht ihr nicht ums Geld, es liegt irgendwie tiefer. Sie weiß, dass sie sich Dankbarkeit schafft. Dass Menschen das Gefühl bekommen, sie seien ihr einen Gefallen schuldig. Das berauscht sie. Aber es führt auch dazu, dass sie in eine Krise fällt, wenn der Dank ausbleibt.
Martin arbeitet bis zur Erschöpfung für andere in der Gemeinde. Immer ist er für andere da und schlägt keine Aufgabe aus. Er hat ja Zeit. Manchmal ertappt er sich dabei, wie er darauf wartet, dass jemand ihm auf die Schulter klopft und sagt, wie unverzichtbar er ist. Häufig nehmen Menschen ihn auch wahr. Manchmal aber bleibt der Dank aus. Da kann ein Abend, den er allein zu Hause verbringt, ganz schön einsam werden.
Mareike reibt sich für ihre Kinder auf. Sie tut alles, damit es ihren Kindern gut geht. Sie opfert, was ihr wichtig ist, für die Kinder, die sie liebt. Als ihre Kinder älter werden, lieben sie die Mutter nicht mehr so selbstverständlich wie früher. Sie beginnen sich von ihr abzuwenden und ihr eigenes Leben zu suchen. „Aber ich habe doch immer alles für euch getan", klagt sie. Der Dank

bleibt aus. Der Sturz ist tief, für die Kinder, für sie selbst und für ihren Mann.

Warum tust du, was du tust?, fragt mich der Herr. Ist es nicht deine Aufgabe als Knecht, zu tun, was du sollst? Liebe, was du tust, sagt er und isst weiter. Tu es nicht, um Liebe zu verdienen, sondern liebe, was du tust, und du wirst frei werden. Tu es nicht, weil du etwas erwartest. Und tu es nicht, weil du denkst, dass andere es erwarten. Tu es nicht, weil du denkst, du bekommst etwas dafür. Sondern tu, was zu tun ist. Nicht mehr und nicht weniger. Das, was jetzt in diesem Moment getan werden muss. Ohne an das nächste zu denken, das hinter der nächsten Ecke wartet. Tu, was du jetzt tun musst und entdecke die Liebe, die in deinem Tun wächst.

Aber, sage ich, wie kann das gehen? Wie kann ich lieben, was ich tue, wenn ich ständig daran denken muss, dass ich Knecht, dass ich Magd bin?

Wieder sieht der Herr mich an. Diesmal legt er seinen Löffel beiseite und lädt mich ein, mich zu ihm zu setzen. Bei ihm Platz zu nehmen. Ja, du bist mein Knecht, sagt er. Genauer noch, du bist mein Sklave. Du gehörst mir, ganz und gar, mit Haut und Haar, mit Leib und Seele. Aber bedenke, was für einen Herrn du hast. Einen Herrn, der von sich selbst sagt, er sei nicht gekommen, um sich dienen zu lassen, sondern damit er diene, damit er Knecht sei und sein Leben hingebe als Lösegeld für viele (Mk 10,45). Einen Herrn, der sich schürzt und dir die Füße wäscht. Einen Herrn, in dem wahr wird, was Jesaja prophezeit hat: das geknickte Rohr wird er nicht zerbrechen, und den glimmenden Docht wird er nicht auslöschen (Jes 42,3).

Herr ist nicht Herr und Knecht ist nicht Knecht. Nicht so, wie du es gelernt hast und wie andere es dir weismachen wollen. Der Herr gibt sich hin. Er schenkt sich dir, ganz und gar. Er gibt sein Leben hin, damit du leben kannst. Er liebt dich, damit du lieben kannst, was du bist und was du tust. Er dient dir, und doch gehörst du ihm. Und so ist Herr doch wieder Herr, und Knecht ist wieder Knecht. Aber nur *ein* Herr. Vergiss die, die sich als Herren aufspielen. Sie sind genauso wenig Herr wie du. Auch die, die für vieles verantwortlich sind, sind Knechte, keine Herren. Der Herr ist nur einer, und der ist zum Knecht von allen geworden. Er hat sich ausgeteilt. Und auch heute teilt er sich aus und dient dir. Immer dann, wenn ihr euch um seinen Tisch versammelt — im Herrenmahl schenkt er sich dir und speist dich, an Leib und Seele. Er will dich satt machen und dir geben, was du brauchst. *Diesem* Herrn gehörst du. Und diesem Herrn dienst du. Keinem anderen.

Da sitze ich mit ihm an seinem Tisch. Nur eine Sache noch, sage ich: unnütz? Warum denn unnütz? Bin ich wertlos? Eine Arbeitsmaschine, die ihre Pflicht tut? Kann ich abgestellt werden, wenn ich keinen Nutzen mehr bringe?

Wieder sieht er mich an. Du hast es noch nicht verstanden, sagt er. Es funktioniert anders als du es dir zurecht legst. Natürlich bist du unnütz! Denn dein Wert hängt nicht von deinem Nutzen ab! Du bist wertgeachtet und herrlich in meinen Augen, und ich liebe dich. Meine Liebe hängt nicht von dem ab, was du nützt. Auch wenn du nutzlos geworden bist, gehörst du zu mir. Auch wenn du geknickt bist und kurz vor dem Erlöschen stehst: ich werde dich nicht zerbrechen und dich nicht auslöschen. Ich stärke dich und halte dich. Und auch wenn du arm und schwach bist, wenn du alt wirst oder stolperst — auch dann: Du wirst tun, was du kannst und sein, wie du bist. An jedem Tag, an dem du mir dienst. Du bist unnütz, weil du nicht von Nutzen sein musst. Und lass dir bloß nicht einreden, dass du immer Nutzen bringen musst! Darin seid ihr ja groß. Aber das gilt bei mir nicht.

Noch einmal sieht er mich an. Er lächelt. Er isst weiter. Ich stehe auf und lasse ihn allein. Es schmeckt ihm, das sehe ich. Er liebt ganz und gar, was er tut. In diesem Augenblick. Das steckt an. Ich öffne die Tür und gehe meinen Weg weiter — von seinem Tisch in das, was auf mich wartet.

So segne er sein Wort an uns, der dreieinige Gott, Vater, Sohn und Heiliger Geist. Amen.

Ostersonntag: Johannes 20,11-18

Joh 20,11-18
11 Maria aber stand draußen vor dem Grab und weinte. Als sie nun weinte, schaute sie in das Grab 12 und sieht zwei Engel in weißen Gewändern sitzen, einen zu Häupten und den andern zu den Füßen, wo sie den Leichnam Jesu hingelegt hatten. 13 Und die sprachen zu ihr: Frau, was weinst du? Sie spricht zu ihnen: Sie haben meinen Herrn weggenommen, und ich weiß nicht, wo sie ihn hingelegt haben. 14 Und als sie das sagte, wandte sie sich um und sieht Jesus stehen und weiß nicht, dass es Jesus ist. 15 Spricht Jesus zu ihr: Frau, was weinst du? Wen suchst du? Sie meint, es sei der Gärtner, und spricht zu ihm: Herr, hast du ihn weggetragen, so sage mir, wo du ihn hingelegt hast; dann will ich ihn holen. 16 Spricht Jesus zu ihr: Maria! Da wandte sie sich um und spricht zu ihm auf Hebräisch: Rabbuni!, das heißt: Meister! 17 Spricht Jesus zu ihr: Rühre mich nicht an! Denn ich bin noch nicht aufgefahren zum Vater. Geh aber hin zu meinen Brüdern und sage ihnen: Ich fahre auf zu meinem Vater und zu eurem Vater, zu meinem Gott und zu eurem Gott. 18 Maria von Magdala geht und verkündigt den Jüngern: Ich habe den Herrn gesehen, und das hat er zu mir gesagt.

Liebe Gemeinde,
dass Menschen den Auferstandenen nicht erkennen, ist ein Motiv, das in den Berichten der Evangelien mehrfach vorkommt. Ich habe mich oft gefragt, woran das liegt. Man möchte sie schütteln, die Maria, die Jesus für den Gärtner hält. Oder die beiden Jünger, die von Jerusalem nach Emmaus gehen und nicht erkennen, wer sie begleitet. Am leeren Grab kann es doch eigentlich nur einer, nur Der Eine sein, von dem auch die Engel künden, die zu Häupten und Füßen sitzen.

Auf der anderen Seite bin ich froh, dass die Menschen nach den Berichten der Evangelien den Auferstandenen nicht *zu* schnell erkennen. Man könnte sonst die Erscheinungsberichte allzu leicht abtun als Visionen, die bei Trauernden immer wieder vorkommen. Ich kenne das selbst: ich kann immer noch die Stimme eines Menschen hören, von dem ich Abschied nehmen musste. Manche Menschen erzählen mir, sie würden ihren Verstorbenen sehen in der Wohnung, und im gemeinsamen Ehebett würden sie ihn immer noch neben sich spüren. Bei *diesen* „Erscheinungen" ist jede Verwechslung ausgeschlossen, und den Trauernden ist es meist sehr bewusst, dass der, den sie sehen, hören oder spüren, tot ist.
Gerade so ist es bei den Auferstehungszeugen nicht. Als sie den Auferstandenen sehen, denken sie nicht: da ist er ja wieder, sondern sie sind erschrocken, sie fürchten sich, sie erkennen ihn nicht. Dass sie ihn nicht erkennen, widerspricht den Auferstehungszweiflern, die seit Jahrhunderten hartnäckig vertreten, die Erscheinungen des auferstandenen Christus seien Phantombilder der schmerzenden Seele von Jüngern und Jüngerinnen, wie sie häufig im Prozess der Trauer vorkommen.

Wenn ich mir bewusst mache, welcher Weg hinter den Jüngern und Jüngerinnen liegt – von Palmsonntag über Gründonnerstag und Karfreitag bis Ostersonntag in der Frühe – dann ist es verständlich, dass sie ihn nicht erkennen. Dass sie es erst einmal nicht glauben können, und dass sie sich fürchten. Was für eine Woche war das! Erst der Einzug in Jerusalem, als die Menschenmassen Jesus zujubelten. Wie einen König hießen sie ihn willkommen. Dass er auf einem Esel ritt und keine Waffen trug, dass er ein ganz armseliges Gefolge hatte: das hätte man an diesem Tag schon sehen können. Aber Menschen sind blind. Wenn wir etwas nicht sehen wollen, sehen wir es nicht. Wir schützen uns und unsere Hoffnungen und Erwartungen.

Zu einem König haben sie ihn ein paar Tage später gemacht, als sie Dornen um seinen Kopf gewunden haben. Nur dass sie es nicht erkannt haben. Auch die Jünger haben erst viel später verstanden. Dann der letzte Abend, an dem Jesus mit den Zwölfen zusammen saß. Johannes berichtet an dieser Stelle, an der die anderen Evangelien vom letzten Abendmahl erzählen, von der Fußwaschung. Wieder, wie beim Einzug in Jerusalem, setzt Jesus ein Zeichen: Sein Königtum besteht im Dienen, nicht im Herrschen. In der Hingabe und in der Liebe, nicht darin, andere für seine Zwecke zu opfern und sich selbst fürchten zu lassen.
Nach diesem Abend das Ende. Das Kreuz. Fast alle Jünger sind geflohen. Sie ertragen es nicht. Am Kreuz hängt nicht nur sein Leben, sondern auch ihre Hoffnungen. Auch ihr Leben, wie es bisher war, ist zu Ende. Nur einige Frauen harren aus, wie Johannes berichtet. Maria, seine Mutter, Maria von Magdala und eine andere Maria. Dazu der Lieblingsjünger. Die Grablegung. Das Grab ist so voll, wie die Seele leer ist. In diesen Tagen kann die Seele gar nicht so schnell hinterher kommen. Wir dachten, er sei es, der Israel erlösen werde. So sagen es die beiden Jünger, die von Jerusalem nach Emmaus gehen. Nicht nur ein besonderer Mensch war gestorben. Das auch. Aber eine ganze Zukunft war gestorben. Die Zukunft Gottes, von der sie dachten, sie habe mit ihm begonnen. Gott hatte sich selbst ins Unrecht gesetzt. Die Mächtigen hatten Recht bekommen. Die, die niemanden neben sich dulden. Die nichts abgeben wollen von ihrer Macht und zur Not auf Kosten anderer ihre Interessen durchsetzen. Jesus, der König der Juden: ein geplatzter Traum. Eine gestorbene Hoffnung. Das einzige, das noch blieb, war, für seinen Leichnam zu sorgen. Für den Leichnam und alles, was mit ihm begraben war. Hoffnungen, Träume, Pläne. An die Gräber zu kommen, hilft uns dabei, unsere Verstorbenen loszulassen und Schritt für Schritt ins Leben ohne sie weiterzugehen, ins Leben, das sich ohne sie so viel leerer anfühlt.

Wie sollte Maria von Magdala nach diesen Tagen in Jerusalem den Auferstandenen erkennen? Der Tod ist ja das Normale. Auch wenn er uns fast jedes Mal unvorbereitet trifft: er ist das Ende, das *jedes* menschliche Leben haben wird. Darum beklagen die Jünger und Jüngerinnen nicht nur Jesu Tod an sich, sondern auch, was dieser Tod für sie selbst, für *ihr* Leben bedeutet. Zurückzubleiben, wenn ein geliebter Mensch gestorben ist, das heißt auch, das eigene Leben neu zu ordnen, Hoffnungen zu begraben und Vertrautes loszulassen. Das ist so, wenn der Tod unser Leben berührt, aber auch, wenn wir mitten im Leben Abschied nehmen müssen. Von Menschen, von denen wir uns trennen, von Perspektiven, vom Beruf, von unserer Gesundheit. Todeserfahrungen sind, so sehr sie zum Leben dazugehören, Ausnahmeerfahrungen. Sie lähmen uns und lassen uns blind werden. Sie halten uns gefangen. Sie zwingen uns einen Tunnelblick auf, weil wir unsere ganze Kraft brauchen, den Verlust zu verarbeiten.
So muss es gewesen sein bei Maria von Magdala. Sie steht am Grab und sieht: das Grab ist leer, der Stein ist fort. Zwei Engel sitzen im Grab. Maria in ihrer Trauer lässt sie gar nicht zu Wort kommen. Sie kann den Schluss nicht ziehen: wenn das Grab leer ist, dann muss er auferstanden sein. Sie kann nur denken: dann hat man seinen Leichnam gestohlen. Auch das noch, das letzte, was ihr geblieben war. Und sie wendet sich an den ersten, der ihr begegnet. Sie will den letzten Rest festhalten: sag mir, wo sie ihn hingetragen haben. Ich will ihn holen. Trauer braucht einen Ort, an dem sie sich festmachen kann.

Erst als Maria beim Namen gerufen wird, erkennt sie ihn. Als sie beim Namen gerufen wird, geschieht noch etwas: sie wendet sich um. Sie ändert ihren Blickwinkel und schaut in eine andere Richtung. Heraus aus dem Grab, dem Leben ins Gesicht. Beim Namen rufen wir uns nicht selbst. Beim Namen gerufen zu werden, das ist eine Anrede von außen, die uns in unseren Gedanken-Irrgärten unterbricht. Beim Namen gerufen zu werden, das lässt mich aufblicken. Ich bin mehr als meine Trauer, auf die sich mein Leben reduziert hat. Ich bin angesehen und geliebt als Person in meiner Tiefe. Es braucht nur dieses eine Wort: Maria. Günther. Albert. Gisela. Elisabeth. Und wir horchen auf. Wir wenden uns um. Maria horcht auf, sie wendet sich um, und ihr Staunen ist groß. Sie sieht nicht mehr dem Tod in die Fratze, sondern dem Leben ins strahlende Gesicht.

Von diesem Morgen an steht jedes Leben unter einem anderen Zeichen: nicht mehr unter dem Zeichen des unentrinnbaren Todes, sondern unter dem Zeichen des Lebens. Unter dem Zeichen des Lebens, das den Tod kennt, aber stärker ist als der Tod. Seit Ostern hat die Welt eine andere Blickrichtung. Wir sind nicht mehr dazu bestimmt, ins Grab zu sehen, mit dem alles endet. Vor uns liegt das Leben. Kein volles Grab wird voll bleiben. Hinter uns steht der Auferstandene, der uns bei unserem Namen ruft. In unserer Taufe hat er sich hinter uns gestellt, als er uns beim Namen rief. Maria. Simon. Kurt. Doris. Durchs Grab müssen wir hindurch. Wir alle. So wie er. Niemandem bleibt das erspart. Aber er steht hinter uns, und das Leben liegt vor uns. Weil er mich beim Namen ruft, sehe und gehe ich aus dem Dunkel ins Licht, aus dem Tod ins Leben, aus der Hölle ins Helle.

Maria ist vom Grab aus losgelaufen, um den anderen zu berichten: das Leben ist stärker. Das Leben setzt sich durch gegen alle Unkenrufe des Untergangs, gegen alle Schreckensszenarien der Weltwirtschaft und der Finanzmärkte, gegen alles Leid. Gegen den Tod und seine Schergen. Gegen die, die andere mit Angst unterdrücken. Gegen die, die auf Kosten anderer leben. Gegen Krankheit und Tränen. Gegen kleine und große Katastrophen. Das Leben ist stärker. Seit Ostern ist alles anders. Christus spricht: Ich lebe, und ihr sollt auch leben. Amen.

Rogate: Matthäus 6,5-15

Vor der Predigt: EG 344,1

Liebe Gemeinde,
betetǃ So heißt dieser Sonntag: Rogate! In einem Gottesdienst wird viel gebetet. Und ich spüre immer wieder, wie wohltuend dieser Gebetsraum ist, den ein Gottesdienst eröffnet. Vom Ankommen mit dem gesungenen Kyrie über den Zuspruch mit dem Gloria bis zum Tagesgebet, in dem wir Gott loben. Und am Ende die Fürbitten, in denen wir Menschen und Situationen vor Gott legen. Betet! Wir tun es, wir haben es heute schon getan und werden es tun. Auch wenn wir es miteinander tun und es für viele von uns so selbstverständlich ist wie das Atmen, lohnt es sich zu fragen: wie sollen wir eigentlich beten?
Mit dieser Frage sind auch die Jünger an Jesus herangetreten. Jesus hat sich oft zum Gebet zurückgezogen. Vielleicht kam einer von den Freunden anschließend zu ihm und hat gefragt: Meister, wie sollen wir denn beten? Mit welchen Worten? An welchen Orten? Die Antwort, die Jesus gegeben hat, steht in der Mitte der Bergpredigt und ist heute unser Predigttext.

Mt 6,5-15
5 Und wenn ihr betet, sollt ihr nicht sein wie die Heuchler, die gern in den Synagogen und an den Straßenecken stehen und beten, damit sie von den Leuten gesehen werden. Wahrlich, ich sage euch: Sie haben ihren Lohn schon gehabt. 6 Wenn du aber betest, so geh in dein Kämmerlein und schließ die Tür zu und bete zu deinem Vater, der im Verborgenen ist; und dein Vater, der in das Verborgene sieht, wird dir's vergelten. 7 Und wenn ihr betet, sollt ihr nicht viel plappern wie die Heiden; denn sie meinen, sie

werden erhört, wenn sie viele Worte machen. 8 Darum sollt ihr ihnen nicht gleichen. Denn euer Vater weiß, was ihr bedürft, bevor ihr ihn bittet. 9 Darum sollt ihr so beten: Unser Vater im Himmel! Dein Name werde geheiligt. 10 Dein Reich komme. Dein Wille geschehe wie im Himmel so auf Erden. 11 Unser tägliches Brot gib uns heute. 12 Und vergib uns unsere Schuld, wie auch wir vergeben unsern Schuldigern. 13 Und führe uns nicht in Versuchung, sondern erlöse uns von dem Bösen. 14 Denn wenn ihr den Menschen ihre Verfehlungen vergebt, so wird euch euer himmlischer Vater auch vergeben. 15 Wenn ihr aber den Menschen nicht vergebt, so wird euch euer Vater eure Verfehlungen auch nicht vergeben.

Wie sollen wir beten? Die wesentlichen Dinge im Leben sind ganz einfach: euer Vater weiß, was ihr braucht, noch bevor ihr ihn bittet. Darum müsst ihr auch nicht so viele Worte machen, darum braucht ihr auch kein Publikum für das, was ihr zu sagen habt. In wenigen, einfachen Worten nimmt Jesus uns hinein in das Vertrauen, das zwischen ihm, dem Sohn, und dem Vater, seinem Vater und unserem Vater, herrscht. Mit seinem Gebet stimmen wir in seine Worte ein und werden Teil dieser Vertrauensbeziehung zwischen Vater und Sohn. Betend werden wir Kinder des himmlischen Vaters, Geschwister untereinander. Das haben wir eben schon singend, betend getan. Um mit dem Herzen ins Gebet einzustimmen, sollen wir nicht nur über das Beten reden. Lassen Sie uns singend weiterbeten mit Strophe 2 und 3.

EG 344,2-3

Wie sollen wir beten? Als Antwort nimmt Jesus uns hinein in das Vertrauen zwischen ihm und Gott dem Vater. Beten schafft Nähe, viel mehr Nähe, als alle komplizierten Reden es können. Beten schafft aber auch Distanz. Betend treten wir ein Stück zurück und legen unsere Erfahrungen in Gottes Hand. Betend denken wir über das nach, was wir erleben. Wir teilen uns mit und geben etwas ab. Das, was vorher Macht über uns gewinnen wollte, bekommt seine rechte Größe zurück.

Das Beten gibt die rechten Maßstäbe. Vor allem mit diesen beiden Bitten: Geheiligt werde dein Name, dein Reich komme. Damit bitten wir darum, dass Gott sich bei uns, in unserem Leben durchsetzt. Dass bei uns Wirklichkeit wird, was mit Jesus begonnen hat: das Reich Gottes ist mitten unter euch! Überall dort, wo Menschen heil werden, überall dort, wo Menschen einander vergeben, sich selbst vergessen und die alt vertrauten Wege verlassen. Überall dort, wo wir etwas davon ahnen, dass der Himmel die Erde berührt.

Ein Gebet verändert uns. Und es zeigt uns: andere können uns noch so gewaltsam ihre Macht aufzwingen wollen, andere können noch so laut ihren Namen schreien: sie sind doch auch nur Geschöpfe, und der Schöpfer, unser barmherziger Vater, hält doch in Wahrheit diese Welt und mein Leben in der Hand. Das Beten hat einen rebellischen Zug. Ich könnte auch sagen: es verleiht mir einen festen Stand. Denn es zeigt mir, wo oben und unten ist. Wir sollen Menschen sein und nicht Gott, sagt Martin Luther. Betend lebe ich meine Menschlichkeit. Betend bin ich so, wie ich bin: Mensch, geliebtes Kind, zum Himmel ausgerichtet, aufrecht. Betend entthrone ich die, die sich zu Götzen aufspielen. Ich lasse mir mein Menschsein gefallen und lasse Gott Gott sein.

Wir singen Strophe 4.

EG 344,4

Dein Wille geschehe. Gott will, dass allen Menschen geholfen werde. So steht es im ersten Brief an Timotheus (1 Tim 2,4). Gottes Wille ist der Wille seiner Liebe, mit dem er will, dass Menschen heil werden an Leib und Seele. Im kleinen Katechismus hat Martin Luther gesagt: Gottes Wille geschieht auch ohne unser Gebet. Und trotzdem ist unser Gebet nicht unnütz, denn im Gebet beten wir darum, dass sein Wille auch in unserem Leben geschieht. Indem wir beten, lassen wir uns in den Wirkungsbereich Gottes hinein ziehen. Wir setzen uns der Liebe Gottes aus, der auch ohne uns liebt. Wir lassen die Liebe durch unser Gebet in unser Leben hinein.

Es gibt Erfahrungen, auch bei Menschen, die beten, die ich nicht mit Gottes Liebeswillen zusammenbekomme. Eine junge Mutter ist schwer an Krebs erkrankt und bittet Gott, nicht zu sterben, damit sie sich um ihre kleinen Kinder kümmern kann. Eine Ehe steht auf der Kippe, und beide Partner bitten Gott, dass sie miteinander einen Weg finden, um beieinander bleiben zu können. Beide Gebete erfüllen sich nicht. Ist es denn Gottes Wille, dass die Frau stirbt und dass eine Ehe scheitert? Oder will Gott für diese Menschen nicht das Gute?

Für mich gibt es auf diese Fragen keine einfache Antwort. Ich kann es nicht glauben, dass Gott das Leiden von Menschen will. Und Menschen, die gerade durch ein wirklich dunkles Tal gehen, zu sagen, dass das jetzt bestimmt seinen Sinn hat, weil Gott es so will, finde ich zynisch. Ich halte mich daran fest: Gott will, dass allen Menschen geholfen werde. Gott ist der barmherzige Vater, der weiß, was ich brauche. Er lässt mich nicht allein in schweren Zeiten. Er lässt die junge sterbende Mutter nicht allein und ist bei der Familie, die zerbricht, bei jedem Einzelnen von ihnen. Im Beten erfahren Menschen seine Gegenwart, die sie stärkt und tröstet.

Manche Not bleibt. In diesem Leben geschieht Gottes Wille viel zu oft nicht. Warum das so ist? Am Ende werde ich ihn fragen. Jetzt halte ich an ihm fest,

wider allen Augenschein. Wenn ich bete: Dein Wille geschehe, dann ist das manchmal eine Hilfe zum Entscheiden, manchmal ein getrostes Gebet und manchmal eine zornige Klage.
Wir beten singend weiter: Strophe 5.

EG 344,5

Jesus sagt: Euer himmlischer Vater weiß, was ihr braucht, noch bevor ihr ihn bittet. Unser täglich Brot umfasst alles Lebenswichtige. Nahrung, Kleidung, ein Dach über dem Kopf und Menschen, die mich lieben. Eine Aufgabe, die meinem Leben einen Sinn gibt.
Mir fallen zu dieser Bitte zwei Dinge ein. Das eine ist: es gibt Zeiten, da nehme ich mein tägliches Brot für selbstverständlich. Das Genügen, den Überfluss, den ich an Nahrung, Kleidung und Wohlstand habe. Dass ich mir keine Sorgen darum machen muss, wie ich den morgigen Tag überleben kann. Das sind Zeiten, in denen das tägliche Brot zur Normalität geworden ist. Ich fange vielleicht sogar an, es zu bewachen und einen Zaun darum zu bauen. Als das Volk Israel durch die Wüste wanderte, bekam es Manna. Wer es hortete, dem verdarb es. Es wurde täglich neu geschenkt, eine Vorratshaltung war nicht möglich. Das Gebet *Unser tägliches Brot gib uns heute* macht mich dankbar in Zeiten, in denen es mir gut geht. Dass ich habe, was ich brauche, ist geschenkt, nicht mein Verdienst.

Das andere ist: es gibt Zeiten, da fühle ich mich wie abgeschnitten von der Quelle. Das sind Zeiten, in denen das tägliche Brot ausgeht. Wie soll ich meine Familie versorgen? Wie soll ich mit dieser Krankheit weiterleben? Wo kommt mein Einkommen her? In diesen Zeiten nimmt mich das Gebet in das Vertrauen Jesu hinein. Sorge dich nicht, denn dein himmlischer Vater

weiß, was du brauchst. Es ist gar nicht so viel, wie du denkst. Ein Kanten frisches Brot ist köstlich, wenn du hungrig bist. Du musst nicht für die nächsten drei Wochen Brot haben. Was du heute brauchst, wirst du bekommen.
Im Großen Katechismus hat Luther geschrieben: „Darum auch Gott haben will, daß Du solche Not und Anliegen klagest, nicht daß er's nicht wisse, sondern daß du dein Herz entzündest, desto stärker und mehr zu begehren, und nur den Mantel weit ausbreitest und auftuest, viel zu empfangen." Den Mantel weit auszubreiten, um viel zu empfangen, das lehrt uns das Gebet Jesu. Die Hände öffnen, damit wir uns das Gute schenken lassen, das Gott für uns will.
Singend breiten wir unseren Mantel aus: Strophe 6 und 7.

EG 344,6-7

Niemand von uns lebt, ohne dass er anderen weh tut. Ich bleibe dir etwas schuldig, weil ich gefangen bin in mir selbst. Ich verstricke mich in meinen Willen, verfolge meine Ziele und füge dir Schmerz zu. Ich verletze dich: manchmal ohne es zu wollen, manchmal nehme ich es auch bewusst in Kauf, um meine Interessen durchzusetzen. Einfach zu sagen, wir sind eben Menschen und es ist eben so: damit machen wir es uns zu leicht. Der Schmerz ist zu groß, als dass er einfach verharmlost werden könnte, und auch ich trage Wunden an mir, die immer wieder aufreißen, weil du mir weh getan hast.
Vergib uns unsere Schuld, wie auch wir vergeben unseren Schuldigern – diese Bitte legt unsere Wunden und Narben in Gottes Hand. Wer einem anderen vergibt, gewinnt seine Freiheit zurück. Er ist nicht mehr Opfer, und der andere, der ihm etwas angetan hat, hat keine Macht mehr über ihn. Das Gift, das er im Herzen getragen hat, kann abfließen. Und wer um Vergebung

bittet, lässt sich selbst verwandeln. Er lässt sich in die Liebe hineinziehen, die zwischen Tat und Täter unterscheidet. Er übernimmt Verantwortung für das, was er getan hat und zeigt den ehrlichen Wunsch, sich anstecken zu lassen von der Liebe und dem Vertrauen Jesu.

Erst am Ende der Zeit wird die Vergebung vollkommen sein. Wir sind miteinander unterwegs, und mit uns und in uns ist eine große Portion Bosheit unterwegs. Die Bitte: Erlöse uns von dem Bösen weist schon in Gottes Ewigkeit, wenn wir ganz von der Liebe und dem Vertrauen umschlossen sein werden, die wir jetzt betend erahnen.

Mit Jesu Gebet lassen wir uns hineinziehen in das Vertrauen zwischen Vater und Sohn. Wir werden zu Kindern Gottes, die vertrauensvoll mit ihrem Vater sprechen können, voller Zuversicht, dass unser Vater uns geben wird, was wir brauchen. Den Mantel weit ausbreiten, die Hände öffnen, empfangen, was wir brauchen, das ist Gebet. Einstimmen in die Liebe, die Gott längst schon für uns hat. Uns ausrichten auf das hin, was im Leben wichtig ist. Betend singen wir die letzten beiden Strophen und schließen mit Amen, so sei es.

EG 344,8-9

Christi Himmelfahrt (ökumenische Andacht): Johannes 17,20-26

Liebe Schwestern und Brüder,

Christi Himmelfahrt ist ein leichtes Fest. Endlich hat sich nach dem langen Winter der Himmel wieder geöffnet. Die Natur grünt und blüht, es gibt wieder etwas anderes als Kohl zu essen. Viele von Ihnen sind mit dem Fahrrad hier, und viele werden nach dem Gottesdienst eine Fahrradtour anschließen. Christi Himmelfahrt ist ein leichtes Fest, weil die Zeit im Jahr eine leichte ist. Christi Himmelfahrt ist aber auch ein schweres Fest, das sich in seiner Bedeutung nicht so schnell erschließt wie Weihnachten oder Ostern. Darum ist es über die Jahre zum Vatertag geworden. Christi Himmelfahrt ist Vatertag. Ich glaube: gar nicht zu Unrecht. Der Predigttext ist ein Vatertags-Text. Hören Sie selbst.

Joh 17,20-26

20 Ich bitte aber nicht allein für sie, sondern auch für die, die durch ihr
Wort an mich glauben werden, 21 damit sie alle eins seien. Wie du, Vater, in
mir bist und ich in dir, so sollen auch sie in uns sein, damit die Welt glaube,
dass du mich gesandt hast. 22 Und ich habe ihnen die Herrlichkeit gegeben,
die du mir gegeben hast, damit sie eins seien, wie wir eins sind, 23 ich in ihnen und du in mir, damit sie vollkommen eins seien und die Welt erkenne,
dass du mich gesandt hast und sie liebst, wie du mich liebst. 24 Vater, ich
will, dass, wo ich bin, auch die bei mir seien, die du mir gegeben hast, damit sie meine Herrlichkeit sehen, die du mir gegeben hast; denn du hast mich
geliebt, ehe der Grund der Welt gelegt war. 25 Gerechter Vater, die Welt
kennt dich nicht; ich aber kenne dich und diese haben erkannt, dass du
mich gesandt hast. 26 Und ich habe ihnen deinen Namen kundgetan und

werde ihn kundtun, damit die Liebe, mit der du mich liebst, in ihnen sei und ich in ihnen.

Christi Himmelfahrt ist Vatertag. Der Text ist ein Vatertags-Text. Er stammt aus dem Ende der Abschiedsreden Jesu bei Johannes, kurz vor dem Bericht über Kreuz und Auferstehung. Ein langes Gebet, in dem Jesus sich stellvertretend für seine Jünger und für alle Menschen an seinen Vater wendet. Kurz vor seinem Tod sagt er: Ich bitte aber nicht allein für die Jünger, sondern auch für die, die durch ihr Wort an mich glauben werden – durch die vielen Jahrhunderte bis zu uns am Feldkreuz in Eppelheim. Christi Himmelfahrt ist Vatertag, weil wir Zeugen der Liebe zwischen Vater und Sohn werden, und mehr noch: weil wir in diese Liebe hineingenommen werden, die Vater und Sohn verbindet. Christi Himmelfahrt ist Vatertag, weil sich für jeden von uns Gott als Vater Jesu Christi zeigt, der auch unser Vater ist.
Christi Himmelfahrt ist ein leichtes und doch ein schweres Fest. Es ist die Gegenbewegung zu Weihnachten. Haben wir am Christfest gefeiert, dass Gott in einem kleinen Kind im Stall zu uns kommt, so feiern wir an Himmelfahrt, dass Christus zum Vater zurückkehrt. Haben wir an Weihnachten gefeiert, dass Gott sich restlos auf uns Menschen einlässt mit allem, was unser Menschsein ausmacht, so feiern wir heute, dass der Mensch gewordene Gott vom himmlischen Vater aufgenommen, mit ihm eins wird. Wahrer Mensch und wahrer Gott. Mit dem Bekenntnis von Nicäa und Konstantinopel werden wir das gleich nach der Predigt bekennen: für uns Menschen und zu unserem Heil ist er vom Himmel gekommen – und wieder aufgefahren zum Himmel. Sein *irdischer* Weg von der Krippe ans Kreuz offenbart sein Einssein mit uns Menschen, am *Himmelfahrtstag* geht es um sein Einssein mit dem Vater. Ein echter Vatertag!

Betend und fürbittend tritt Christus beim Vater für uns ein. Der Inhalt seines Gebets ist ein einziger Wunsch: sie alle sollen eins sein. Für einen ökumenischen Gottesdienst gibt es keinen passenderen Wunsch als das Gebet um die Einheit der Glaubenden. Angesichts der Unterschiede, die unsere Kirchen immer noch trennen, ist die Bitte um Einheit mehr als ein frommer Wunsch. Sie spricht all den Menschen in konfessionsverschiedenen Ehen aus dem Herzen, die darum ringen, ihren Glaubensweg miteinander zu gehen. Die Bitte um die Einheit des Glaubens findet einen Widerhall bei denen, die darunter leiden, dass evangelische und katholische Christen nicht gemeinsam das Abendmahl feiern können, und bei denen, die sich eine größere Einigkeit bei den kirchlichen Ämtern wünschen. Dass alle eins seien, das ist mehr als ein frommer Wunsch, es ist die Bitte Jesu Christi selbst.

Was heißt das, Einheit? Der Wunsch nach Einheit ist hochgradig missbrauchbar. Im Namen des einen Gottes und der einen Wahrheit sind Festungen errichtet und Menschen gefangen genommen worden. Im Namen der einen Kirche sind Kriege geführt und Menschen ausgegrenzt worden. Hexen verbrannt und Ketzer verfolgt worden. Der Wunsch nach Einheit kann in die Sucht nach Harmonie umschlagen. Die Sucht nach Harmonie zieht einen falschen Frieden nach sich. Nicht nur in der Kirche.

Eine Familie, die um der Einheit willen Angst vor Konflikten hat, kehrt Spannungen unter den Teppich und verschanzt sich in einer Festung, in die niemand hinein und aus der niemand herauskommt. Eine Wissenschaft, die keinen Streit um die Wahrheit verträgt und zulässt, wird totalitär. Ein Staat, der seinen Bürgern und Bürgerinnen keine Meinungsvielfalt erlaubt, wird zum Terrorregime. Eine Kirche, die ihre Einheit mit Mitteln der Ausgrenzung und der Verfolgung sichert, hat sich vom Evangelium Jesu Christi weit entfernt. Die Geschichte der Kirchen, der evangelischen wie der katholischen, ist voll von Beispielen, bei denen für die eine Wahrheit schreckliche Verbrechen begangen worden sind. Aber wir haben die Wahrheit noch nicht, und zum Ringen um die Wahrheit gehört die Auseinandersetzung – in unseren Familien und Ehen genauso wie im Beruf, in der Gesellschaft, in der Politik und in der Kirche. Wer sich dem Konflikt nicht stellt, missachtet die Wahrheit, denn der Streit um die Wahrheit wird ihm gleichgültig. Dass alle eins seien, ist kein Wunsch nach Friede, Freude, Eierkuchen.

Differenzen einfach hinzunehmen, ist aber auch nicht der richtige Weg. Das nimmt die Autorität des bittenden Christus nicht ernst. Dass sie alle eins seien, bittet Christus bei seinem Vater für seine Jünger und für uns, von Jerusalem bis Eppelheim. Und Jesu Satz geht weiter: Wie du, Vater in mir bist, und ich in dir, so sollen auch sie, Vater, in uns sein. Himmelfahrt ist Vatertag. Die Einheit unter uns spiegelt die Einheit zwischen Vater und Sohn, und diese Einheit zwischen Vater und Sohn ist keine Einheit der hochgezogenen Zugbrücken. Die Einheit zwischen Vater und Sohn ist die Einheit der Liebe, die sich hingibt und verschenkt. In der Bewegung von Weihnachten bis Karfreitag und von Ostern bis Himmelfahrt spiegelt sich die menschenfreundliche und gottoffene Einheit des Vaters mit dem Sohn, die verbunden sind durch das Band der Liebe, den Heiligen Geist.

Die Einheit zwischen Vater und Sohn zeigt sich im Weg, den Gott genommen hat. Im Weg zu uns Menschen in diese Welt und im Weg aus dieser Welt zu Gott dem himmlischen Vater: das ist die Bewegung, die Gott in Jesus Christus geht. Eine Kirche, die um Einheit bittet, vollzieht diesen Weg der Weltzugewandtheit und der Gottoffenheit nach. Uns ist nicht die organisatorische Einheit und nicht die Einheit unter einem Leitungs-Amt verheißen und aufgetragen, sondern die geistliche Einheit, in der wir gemeinsam auf die Stimme des einen Hirten hören, der uns ruft. Die geistliche Einheit, in der wir uns miteinander vom bittenden Christus beim himmlischen

Vater vertreten lassen. Die Einheit, die letztlich Gott selbst stiftet und um die wir bitten, die wir nicht auf Kosten von anderen durchsetzen.

Die Bitte um die Einheit, die Christus für uns gebetet und gelebt hat, macht Mut zu ökumenischer Weite. Unsere Einheit wird gestiftet von der Liebe zwischen Vater und Sohn. Sie steht nicht mit unseren ökumenischen Gehversuchen und fällt nicht mit unseren Differenzen. Vielmehr ist es umgekehrt: in der Liebe zwischen Vater und Sohn wurzelt unsere gemeinsame Kirche, die größer ist als die voneinander getrennten Konfessionen. Unsere Kirche wurzelt in der Kraft des dreieinigen Gottes. Das macht Hoffnung. An einem Tag wie heute, an einem Feiertag wie Christi Himmelfahrt und in kleinen oder größeren gemeinsamen Schritten, die sich an dem, was uns im Glauben verbindet, mehr freuen als an dem, was uns in der Lehre und der Organisation noch trennt. In kleinen und größeren gemeinsamen Schritten gleichwohl, die der Hoffnung Raum geben, dass wir eines Tages wirklich gemeinsam um den Tisch des Herrn stehen und miteinander die Eucharistie, das Heilige Abendmahl feiern können. Das Gebet Jesu gibt Kraft zum Weitergehen und macht Mut zum Neubeginn, in unserer ökumenischen Gegenwart in Eppelheim, heute an diesem Tag und immer mehr. Gott sei Dank. Amen.

Pfingsten: 1. Korinther 2,12-16

Liebe Gemeinde,

Haben Sie heute etwas vor? Ein Tag mit der Familie oder bei Freunden? Gutes Essen? Oder lassen Sie sich überraschen, was heute passiert? Pfingsten ist von allen kirchlichen Festen das mit den wenigsten Traditionen. Es gibt kein Eier-Suchen, keinen traditionellen Spaziergang, keinen geschmückten Baum und keine Geschenke. Vielleicht ist das ja gerade gut so. Pfingsten — das ist das Fest der Überraschungen.

Eine riesengroße Überraschung muss es für die Jünger und Jüngerinnen gewesen sein, als sie 50 Tage nach der Auferstehung und 10 Tage nach der Himmelfahrt Jesu Christi wieder zusammen in Jerusalem saßen. Viele waren in die Stadt gekommen, um das Wochenfest zu feiern. Das jüdische Wochenfest, ein großes Wallfahrtsfest, stand am Beginn der Weizenernte. Ein Erntedankfest, an dem die Menschen Gott für die Ernte dankten, die sie in diesem Jahr erwarten konnten. An Pfingsten kam man nach Jerusalem.

So auch die Jünger Jesu. Männer und Frauen, die zu Auferstehungszeugen geworden waren und 40 Tage mit dem auferstandenen Christus geteilt hatten. Jetzt waren sie wieder allein. Ich stelle mir vor, dass sie miteinander in einem der Häuser saßen und ratlos waren. Die Zeit, in denen Jesus bei ihnen lebte, war endgültig vorbei. Seit ein paar Tagen war auch der Auferstandene nicht mehr bei ihnen. Wie sollte es jetzt weitergehen? Sollen wir so weitermachen wie immer, hat vielleicht einer gefragt. Und was war denn „immer“? Na klar, Pfingsten in Jerusalem.

Aus „wie immer“ an Pfingsten wird das Fest der Überraschungen. Als sie da zusammensitzen in einem Haus in Jerusalem, bekommen sie überraschenden Besuch. Nicht dass sie ihn erwartet hätten. Wie es eben so ist mit Überraschungsgästen. Ich bin‘s, ruft der Heilige Geist, und bleibt nicht an der

Türschwelle stehen. Er zieht ein. Gewaltig. Er bringt alles durcheinander. Das sorgfältig gerichtete Essen. Die Gemeinschaft des Gewohnten. Den Trost des Vertrauten. Flammenzungen erscheinen. Der Geist setzt Menschen in Bewegung wie ein starker Wind. Menschen sind Feuer und Flamme, begeistert. Sogar Sprachgrenzen gelten nicht mehr.
Und auf einmal wird alles anders. Auf einmal entstehen neue Ideen. Einige von den Jüngern beginnen zu erzählen, was sie mit Jesus erlebt haben. Wie er starb und auferstand. Wie er ihr Leben verändert hat. Wie er ihnen von Gott erzählt hat. Andere hören zu, lassen sich begeistern, und es entsteht eine Gemeinschaft. Pfingsten, das Fest der Überraschungen, der Geburtstag der Kirche. Allerdings nicht für alle. Manche denken, die Jünger hätten zu tief ins Glas geguckt. Der Geist weht eben, wo er will.

Einige Jahre später setzt sich einer hin und schreibt einen Brief. Auch er ist begeistert von dem, was an Pfingsten begonnen hat. Auch er ist in Bewegung gesetzt worden. Auch in sein Leben ist dieser Überraschungsgast eingebrochen. Und dann hat er begonnen, anderen davon zu erzählen. Uns ist er vor allem durch seine Briefe bekannt geworden. Ich lese den Predigttext für den heutigen Pfingstsonntag. Er steht im ersten Brief des Paulus an die Korinther im zweiten Kapitel (1 Kor 2,12-16).
12 Wir aber haben nicht empfangen den Geist der Welt, sondern den Geist
aus Gott, dass wir wissen können, was uns von Gott geschenkt ist. 13 Und
davon reden wir auch nicht mit Worten, wie sie menschliche Weisheit lehren kann, sondern mit Worten, die der Geist lehrt, und deuten geistliche
Dinge für geistliche Menschen. 14 Der natürliche Mensch aber vernimmt
nichts vom Geist Gottes; es ist ihm eine Torheit und er kann es nicht erkennen; denn es muss geistlich beurteilt werden. 15 Der geistliche Mensch aber
beurteilt alles und wird doch selber von niemandem beurteilt. 16 Denn

»wer hat des Herrn Sinn erkannt, oder wer will ihn unterweisen«? (Jesaja 40,13) Wir aber haben Christi Sinn.

Pfingsten ist das Fest der Überraschungen. Auch dieser Predigttext ist vielleicht für manchen überraschend: überraschend trocken. —
Paulus hat eine überraschende Erfahrung gemacht und, wie er halt ist, er nimmt große Worte, um davon zu berichten. Auch in sein Leben kam der Heilige Geist als Überraschungsgast. Und auf einmal war alles anders. Paulus war ein feuriger Kämpfer *gegen* die Christen. Hat alles dafür eingesetzt, um Christen gefangen zu setzen. Und dann: seine Erfahrung vor Damaskus, als Christus ihm erschienen ist. Da wurden seine Maßstäbe verrückt. Was er vorher aus ganzem Herzen abgelehnt hatte, wird für ihn auf einmal zur Wahrheit: Wenn ich auf den gekreuzigten Christus sehe, so sehe ich auf Gott. Gott ist nirgendwo anders als dort am Kreuz! Genau da, wo ich ihn nicht vermutet hätte, ist Gott! Und so ist er auch für mich da. Weil das Kreuz nicht das letzte Wort ist. Der Gekreuzigte ist auferstanden.
Und Paulus erkennt: er soll Zeuge werden. Dafür, dass Gott die Welt so sehr liebt, dass er in ihr zu Hause sein will. Als Mensch, der gelitten hat und gestorben ist. Paulus soll Zeuge dafür sein, dass Gott die Welt so sehr liebt, dass er sein Leben gibt und unseren Tod teilt. Und dafür, dass das Leben stärker ist als der Tod. Diese überraschende Wahrheit hat sein Leben auf den Kopf gestellt. In einem einzigen Augenblick. Die Wahrheit, dass Gott da ist, wo ich ihn am wenigsten vermute.

Pfingsten ist das Fest der Überraschungen. Der Heilige Geist ist ein Überraschungsgast. Wenn ich ehrlich bin, sind mir Überraschungsgäste nicht immer willkommen. Vielleicht habe ich mich auf einen behaglichen Abend zu Hause gefreut. Und auch nicht aufgeräumt. Und trage meine alten bequemen Klamotten, die wirklich nicht mehr repräsentativ sind. Und dann steht jemand vor der Tür. Er strahlt mich an und versteckt sein Lächeln hinter einem Blumenstrauß. Schnell zusammengerupft hat er die Blumen aus dem Feld am Straßenrand. Er wollte halt nicht mit leeren Händen kommen. Er stellt seinen Fuß in meine Tür, und ich seufze innerlich, trete zur Seite und lasse ihn ein. Mein Sofa kann ich wohl vergessen. Meinen ruhigen Abend auch. Aber auf einmal, als er da so im Flur steht und lächelt, heiße ich ihn doch willkommen. Er verändert etwas. Nicht nur, weil er mir Blumen mitbringt. Auf den ersten Blick waren die Feldblumen ja eher ein bisschen kümmerlich. Aber auf einmal werden sie wunderschön. Denn sie sind sein Geschenk an mich. Und mein Überraschungsgast, mit dem ich jetzt mein Abendessen teile, der doch eigentlich alles durcheinander gebracht hat: ich verdanke ihm eine tiefe Wahrheit. Er ist zu mir gekommen, weil er mich mag. Ich bin ihm so viel wert, dass er mir sogar etwas mitgebracht hat. Ich kann nicht alles planen und kontrollieren. Das Leben blüht dort am schönsten, wo ich es am wenigsten vermute. Und dort, wo ich vom Sofa des Gewohnten aufbreche.

Der Heilige Geist, ein Überraschungsgast — damals vor Damaskus hatte Paulus ihn ganz bestimmt nicht eingeladen. Er kam ganz unerwartet. So haben es Überraschungsgäste eben an sich. Ein Geschenk hatte aber auch er dabei. *Sein* Geschenk sah auf den ersten Blick noch viel weniger als ein Geschenk aus als meine Feldblumen. Sein Geschenk: ein Mensch am Kreuz. Blutend und sterbend. Schreiend und ausgezehrt. Hätte der Gast nicht mit einem breiten Lächeln den Fuß in die Tür gestellt, Paulus wäre vollkommen abgestoßen gewesen.

Aber der Heilige Geist, der Überraschungsgast, hat ihm die Augen geöffnet. Jedem von uns will er, wie Paulus sagt, die Augen öffnen, damit wir erkennen, was Gott uns schenkt. Was?, sagt jemand — ein leidender sterbender Mensch am Kreuz? Wie kann das Gastgeschenk allen Ernstes ein Gefolterter sein? Lass dir doch die Augen öffnen, sagt der Gast leise, aber unüberhörbar. Gerade darin liegt mein Gastgeschenk: dass ich dort bin, wo niemand hin will. An den Orten, die du gottverlassen nennst oder menschenverlassen. In deinem Elend, das du vor allen verbirgst und vor dem du sogar deine eigenen Augen verschließt. In deiner Angst, deiner Trauer und in deinem Tod. Da ist das Leben, weil Gott dort ist. Dort will er mit dir zusammen sein, weil er dich liebt. Du bist überrascht?, fragt er. Recht so. So soll es sein. Wer sich überraschen lässt, wagt es, aus dem Gewohnten aufzubrechen. Sein Sofa zu verlassen.

In der Hand hält der Überraschungsgast das Kreuz. Sein Gastgeschenk. Und wenn ich ihm in die Augen sehe, entdecke ich noch etwas: Klarheit. Er lehrt mich, die Geister zu unterscheiden. Er lehrt mich zu unterscheiden, was mir gut tut und was nicht. Er zeigt mir: das wichtigste im Leben bekomme ich geschenkt. Es tut mir und anderen nicht gut, wenn ich immer meine, ich müsste das wesentliche im Leben selbst schaffen. Immer alles planen und kontrollieren. Der Überraschungsgast setzt meine Maßstäbe zurecht. Und wenn ich mich überraschen lassen, ist auf einmal alles anders.

Pfingsten ist das Fest der Überraschungen. Bitten wir ihn doch herein, den Überraschungsgast. Den Heiligen Geist. Er steht schon längst an unserer Tür. Und er wartet auf uns an seinem Tisch, an den wir jetzt treten dürfen. Amen.

Trinitatis: Numeri 6,22-27

Num 6,22-27

22 Und der HERR redete mit Mose und sprach: 23 Sage Aaron und seinen Söhnen und sprich: So sollt ihr sagen zu den Israeliten, wenn ihr sie segnet: 24 Der HERR segne dich und behüte dich; 25 der HERR lasse sein Angesicht leuchten über dir und sei dir gnädig; 26 der HERR hebe sein Angesicht über dich und gebe dir Frieden. 27 Denn ihr sollt meinen Namen auf die Israeliten legen, dass ich sie segne.

Liebe Gemeinde,

Ein Vormittag in der Werkrealschule. Religionsunterricht. Die Schüler und Schülerinnen sind unruhig. Siebtklässler. Vor allem bei dem Thema, das sie gerade behandeln sollen: Mein Umgang mit meinem Körper, Sexualität, Liebe, Beziehung. Die Religionslehrerin hat Mühe, ihren Stoff durchzubekommen. Die Mädchen kichern, die Jungs laufen rot an. Und alle überspielen ihre Scham mit viel Lautstärke. Am Ende der Stunde das Ritual, das die Lehrerin das ganze Schuljahr lang mühevoll eingeübt hat. Die Jugendlichen stellen sich in einen Kreis. Sie sprechen gemeinsam: der Herr segne dich und behüte dich. Sie fassen sich an den Händen. Ob es wohl heute klappt? Die Schüler stellen sich auf. Die ersten kichern schon wieder. Einer der größten Unruhestifter sagt: Halt's Maul, jetzt kommt der Segen. Tatsächlich kehrt Ruhe in die Unruhe ein. Die Jugendlichen sprechen einander zu: der Herr segne dich und behüte dich...

Ein Segen ist keine Zauberformel. Die unruhigen Schüler und Schülerinnen werden unruhig bleiben. Auch die nächste und übernächste Religionsstunde könnte wieder ein Kampf werden. Der Segen ist keine Garantie. Aber er ist eine Unterbrechung des Alltäglichen. Ein Atemholen. Ein Moment Ewigkeit mitten in der Zeit.

Ein kleines Kind kann nicht schlafen. Es fürchtet sich vor der Dunkelheit und dem Alleinsein. Dass die Mutter im Flur das Licht angelassen hat, hilft noch nicht. Immer wieder ruft es und wird immer verzweifelter. Irgendwann ist die Mutter mit ihrem Erziehungslatein am Ende und setzt sich ans Bett. Was soll ich denn noch tun, fragen ihre Augen. Und in einer Eingebung nimmt sie ihre Hände und legt sie ihrem Kind auf den Kopf. Sie sagt nichts. Aber sie lässt die Hände eine Weile dort ruhen. Am Ende zeichnet sie mit dem Finger ein Kreuz auf die Stirn. Das Kind seufzt einmal auf und schläft ein.

Ein Segen ist kein Schlafmittel. Er hilft nicht automatisch wie eine Pille. Auch morgen hat das Kind wahrscheinlich wieder Angst vor der Dunkelheit. Aber der Segen hat ihm in diesem Moment gesagt: du bist nicht allein. Du musst nicht verzweifeln, dir kann nichts geschehen. Auch wenn deine Mama nicht da ist, gibt es einen, der auf dich aufpasst.

Ich werde angerufen, weil die Mutter eines Mannes gestorben ist. Die Angehörigen haben sie noch nicht abholen lassen. Sie liegt noch in ihrem Bett, so, wie sie eingeschlafen ist. Ob ich sie aussegnen soll, frage ich am Telefon und merke, wie der Sohn durchatmet. Ja, das wäre schön. Nur eine kleine Feier wird es, mit einer Kerze, einem Psalm und einem Lied. Ich lege der Toten die Hände auf den Kopf und spreche ihr den Segen des dreieinigen Gottes zu. Die Angehörigen weinen. Aber ein tiefer Friede ist zu spüren.

Ein Segen nimmt die Trauer nicht weg. Die Tote bleibt tot und wird durch den Segen nicht wieder lebendig. Die Trauernden müssen vielleicht noch einen weiten Weg gehen, bis sie ohne die Verstorbene weiterleben können.

Sie müssen noch viele Tränen weinen. Der Segen hilft aber, loszulassen und einen Toten in größere Hände zu legen. Anfang und Ende stehen in Gottes Hand. Wenn Trauern heißt loszulassen, dann ist der Segen ein wichtiger Schritt im auf dem Weg.

Gesegnet werden, das tut gut. Bei der Trauung. Bei der Taufe, bei der Konfirmation. Am Ende des Gottesdienstes. Segensworte sind Worte, die gut tun. Worte und Gesten, die ins Herz sprechen. Viele Menschen öffnen beim Schlusssegen ihre Hände. Manche kommen nur wegen des Schlusssegens zum Gottesdienst. Ein persönlicher Segen, bei dem mir die Hand aufgelegt wird, berührt mich, leiblich, im Herzen und in der Seele. Eine Wohltat. Ich fühle den Frieden, den der Segen mir verspricht. Noch lange spüre ich die Hände auf meinem Kopf.

Das Wort *Segnen* kommt vom lateinischen *Signare*, bezeichnen. Wenn wir gesegnet werden, werden wir mit einem Zeichen versehen. Im Segnen wird Gottes Name auf uns gelegt. Wir werden mit seinem Namen bezeichnet. Eltern zeichnen ihren Kindern darum ein Kreuz auf die Stirn: du gehörst zu Christus, sagen sie. Es gibt niemanden, der über dich verfügen kann. Deine Eltern nicht. Dein Chef später nicht. Oder deine Frau und deine Schwiegereltern. Auch deine Ängste werden nicht das letzte Wort über dein Leben haben, nicht deine Schuld, noch nicht einmal der Tod. Das letzte Wort hat Christus, zu dem du gehörst. Du bist ein Kind Gottes.

Auf lateinisch heißt segnen *benedicere* und auf griechisch *eulogein*. Beides bedeutet dasselbe: Gut sprechen. Wenn wir gesegnet werden, werden wir gut gesprochen. Alles, was uns ausmacht, alles Schöne und alles Schwere, kommt in einen Raum, in dem Gott segnend zu uns sagt: es ist gut. Segnen heißt nicht, etwas gut zu nennen, das nicht gut ist. Segnen ist nicht absegnen wider besseres Wissen. Wenn ich gesegnet, gut gesprochen werde, wird meine Person in ihrem Kern angesehen. So, wie du bist, bist du gut. Denn du bist ein Kind Gottes, mit seinem Namen bezeichnet. Die pubertierenden Schüler und Schülerinnen der Werkrealschule *sind* nicht die kichernde Peinlichkeit von unruhigen Jugendlichen. Im Kern ihrer Person sind sie gut. Das Kind, das nicht einschlafen kann, geht nicht in seiner Angst vor der Dunkelheit und dem Alleinsein auf. Es ist Gottes Kind und nicht allein und verlassen. Die verstorbene Frau geht nicht in ihrem eigenen Tod auf. Sie gehört zu Christus, der die Auferstehung und das Leben ist. Menschen, die gesegnet werden, werden liebevoll angesehen und gut gesprochen: so, wie sie sind, sind sie geliebt und behütet. So, wie sie sind, sind sie nicht allein. Das, was sie vordergründig auszumachen scheint – die Unruhe, die Angst vor der Dunkelheit, die Schuld, sogar der Tod – das bestimmt im letzten nicht über ihre Person. Ihre Person ist angesehen und geliebt. Gut gesprochen. Gesegnet.

Der biblische Schöpfungsbericht erzählt, wie Gott gut gesprochen hat. Gott sprach und es geschah, und Gott sah, dass es gut war. Am sechsten Tag erschafft Gott den Menschen und segnet ihn, Mann und Frau. Und siehe, alles war sehr gut. Später segnet Gott den Abraham, mit dem alles beginnen soll, der Bund zwischen Gott und Mensch. Ich will dich segnen, sagt Gott zu Abraham, und du sollst ein Segen sein. Der Beginn unserer Menschengeschichte mit Gott steht unter Gottes Urteil: es ist gut. Und dieses Urteil wird von Gott immer wieder gesprochen, indem er uns segnet. Jeden von uns. Auch heute, wenn der Predigttext nicht mehr gepredigt, sondern jedem, jeder zugesprochen und wirklich wird. Segnend wenden sich Vater, Sohn und Heiliger Geist uns zu. In den Segensraum Gottes treten wir zu Gott dem Schöpfer, der über uns ist und unser Leben geschaffen hat und erhält, zu Gott dem Sohn, der unser Leben mit uns geteilt hat und neben uns ist und der uns auch voraus ist, weil er vom Tod auferstanden ist, und zu Gott dem

Heiligen Geist, der in uns ist und uns zum Leben ermutigt. Vater, Sohn und Heiliger Geist rühren dich an und segnen dich, wenn dir zugesprochen wird:

Der Herr segne dich und behüte dich.

Damit geht alles los. Mit Gottes Schutz und Segen. Mit dem Schutz vor allem Bösen und der Gnade zu allem Guten. Der Herr, unser Gott, ist das erste Wort und hat das erste Wort. Der Spender des Segens, der, von dem alles kommt, die Welt und mein Leben. Der Segen schafft Ruhe in der Unruhe. Eine wohltuende Unterbrechung. Wir brauchen diese Unterbrechungen, denn in ihnen gewinnen wir die Kraft, unser Leben zu leben. Halt's Maul, jetzt kommt der Segen. Im Segen wird gut gesprochen, was zerbrechlich ist. Gott hat seinen Namen auf dich gelegt und dich mit seinem Zeichen bezeichnet. Dieser Schutzraum eröffnet sich dir jetzt. Es kann dir nichts geschehen.

Der Herr lasse sein Angesicht leuchten über dir und sei dir gnädig.

Wer sich unter den Segen Gottes stellt, der stellt sich ins Licht, das von Gott ausgeht. Im Segen wendet Gott uns sein Angesicht zu. Gottes leuchtendes, uns zugewandtes Angesicht strahlt voller Liebe und Wärme. Nach alter Theologie stirbt, wer Gott sieht. Beim Segen gilt das nicht. Wem Gott segnend sein Angesicht zuwendet, der wird erfüllt von Licht und Zuversicht. Wie eine strahlende Sonne geht Gott über dir auf, wenn er dich segnet. Deine Angst vor der Dunkelheit gewinnt ihr rechtes Maß zurück. Du bist nicht allein. Auch nicht im finsteren Tal, das dir das Leben manchmal zumutet. Deine Dämonen weichen zurück. Das, was du lieber im Halbdunkel halten würdest, weil es dir Angst macht, kann ans Licht kommen. Du gehst nicht darin auf. Er, der gnädige und barmherzige Gott, hat das letzte Wort über dein Leben.

Der Herr erhebe sein Angesicht über dich und gebe dir Frieden.

Der Friede, der höher ist als unsere Vernunft, ist das letzte Wort. Schalom. Wo Gottes Name auf uns gelegt wird, weitet sich der Raum des Schalom. In Frieden sein, ausgesöhnt mit dem, was ich habe, das will der Segen in mir bewirken. Versöhnt und friedlich leben und sterben zu können, das Zeitliche zu segnen, dazu verhilft der Segen Gottes. Ich kann das nicht machen, aber empfangen. Segen will geschenkt und empfangen werden, das ist das Geheimnis unseres Glaubens.

Gesegnet werden, das bedeutet, gesehen werden. Gesehen werden in dem, was ich brauche und mit dem, was ich mitbringe. Gesehen werden in dem, wie ich bin. Angesehen werden und sich nicht schämen müssen. Angesehen werden und keine Angst haben müssen, dass der, der mich ansieht, es nicht gut mit mir meinen könnte. Gesegnet werden, das eröffnet mir einen Raum des Lichts und der Wärme. Wer gesegnet wird, wird in einen Raum gestellt, über dem sich der Himmel geöffnet hat, einen Raum, in dem er mit seinem Leben gut gesprochen wird. Wer gesegnet wird, auf den wird der Name Gottes gelegt. Gott über uns, Gott neben uns und vor uns, Gott in uns. Der Name des Vaters und des Sohnes und des Heiligen Geistes. Amen.

4. Sonntag nach Trinitatis: Johannes 8,1-11

Liebe Gemeinde,

Kann denn Liebe Sünde sein? Darf es niemand wissen, wenn man sich küsst? Wenn man einmal alles vergisst vor Glück? Niemals werde ich bereuen, was ich tat, und was aus Liebe geschah, das müsst ihr mir schon verzeihen, dazu ist sie ja da! So Zarah Leander 1938 im Film *Der Blaufuchs*. Ilona und Stephan sind schon lange miteinander verheiratet, aber zunehmend voneinander entfremdet. Nach einigen Turbulenzen findet jeder einen neuen Partner: Stephan die junge Lisi, die sein Interesse für Fische teilt, und Ilona den leidenschaftlichen Flieger Tibor, der sich endlich für sie interessiert und nicht für seine Wissenschaft. Happy End, die Liebe siegt. Kann denn Liebe Sünde sein? Eine rhetorische Frage, denn hier die schon lange lieblos gewordene Ehe, dort die Liebe. Am Ende sind alle glücklich. So einfach ist das. – Ein ganz anderes Urteil wird im Predigttext gefällt, der für den heutigen Sonntag vorgeschlagen ist.

Joh 8,1-11

1 Jesus aber ging zum Ölberg. 2 Und frühmorgens kam er wieder in den
Tempel, und alles Volk kam zu ihm, und er setzte sich und lehrte sie. 3 Aber
die Schriftgelehrten und Pharisäer brachten eine Frau, beim Ehebruch ergriffen, und stellten sie in die Mitte 4 und sprachen zu ihm: Meister, diese
Frau ist auf frischer Tat beim Ehebruch ergriffen worden. 5 Mose aber hat
uns im Gesetz geboten, solche Frauen zu steinigen. Was sagst du? 6 Das sag-
ten sie aber, ihn zu versuchen, damit sie ihn verklagen könnten. Aber Jesus
bückte sich und schrieb mit dem Finger auf die Erde. 7 Als sie nun fortfuh-
ren, ihn zu fragen, richtete er sich auf und sprach zu ihnen: Wer unter euch
ohne Sünde ist, der werfe den ersten Stein auf sie. 8 Und er bückte sich

wieder und schrieb auf die Erde. 9 Als sie aber das hörten, gingen sie weg, einer nach dem andern, die Ältesten zuerst; und Jesus blieb allein mit der Frau, die in der Mitte stand. 10 Jesus aber richtete sich auf und fragte sie: Wo sind sie, Frau? Hat dich niemand verdammt? 11 Sie antwortete: Niemand, Herr. Und Jesus sprach: So verdamme ich dich auch nicht; geh hin und sündige hinfort nicht mehr.

Liebe *kann* Sünde sein. Nämlich dann, wenn sie die Verbindlichkeit der Ehe bricht. Mit dieser Haltung zerren Pharisäer und Schriftgelehrten eine Frau zu Jesus. In flagranti ist sie erwischt worden. Die Ankläger stellen sich auf, die Täterin in ihrer Mitte. Eine Gerichtsverhandlung. Jesus wird die Rolle des Richters angetragen. Die Kläger haben das Gesetz des Mose auf ihrer Seite. Und eine blütenweiße Weste. Du sollst nicht ehebrechen. Wer die Ehe bricht, soll mit dem Tod bestraft werden – so im 3. Buch Mose (20,10). In manchen Ländern und Kulturen gilt das heute noch. Dass die Strafe nicht nur für die *Ehebrecherin*, sondern auch für den *Ehebrecher* gilt, verschweigen die Ankläger. Die Szene ist gar nicht so weit weg. Sie schafft es auch in unsere Zeitungen. Genüsslich lesen wir von Ehebrüchen bei Stars und Sternchen, von Beziehungskonflikten, Verrat und Betrug. Die Sünde, das sind die anderen.
Wir sind es gewohnt, in den Pharisäern die selbstgerechten Gesetzesbefolger zu sehen, die Jesus am Ende ans Kreuz bringen werden. Von Selbstgerechtigkeit ist hier gar nicht die Rede. Die Erzählung deutet ihre Frage als eine Prüfungsfrage, deren Antwort ihnen einen Grund geben wird, Jesus schlussendlich auszuliefern. Er stellt sich außerhalb des Gesetzes! Ihre Frage – was sagst du? – könnte auch eine ernst gemeinte Debattenfrage sein: Wie legst *du* das Gesetz aus? Was sollen wir mit dieser Frau tun?

Selbstgerecht erscheinen sie nicht. Und haben sie nicht eigentlich recht? Wenn eine Gesellschaft den Ehebruch *duldet*, stellt sie die Verbindlichkeit der Ehe in Frage. Das können wir nicht wollen. Wir sind darauf angewiesen, dass unsere Kinder in stabilen Familien aufwachsen. Damals wie heute. Wir brauchen Vertrauen in unseren Beziehungen, ein Zuhause, in dem wir uns aufeinander verlassen können, in dem einer dem anderen treu ist, für ihn eintritt und für ihn sorgt. Wenn sich einer dem anderen verweigert und diesen Rahmen der Treue und Verbindlichkeit verlässt, stellt er die Verlässlichkeit in Frage. Es zerbricht etwas wichtiges. Das hat nicht nur Auswirkungen auf die beiden, sondern auf alle, die betroffen sind. Vor allem Kinder. Ich bin sicher, dass viele von Ihnen das schon am eigenen Leib oder in der nächsten Umgebung erleiden mussten. Scherben tun weh. Liebe *kann* Sünde sein. Die Pharisäer haben nicht nur das Recht, sie haben auch die Moral auf ihrer Seite. Denn die Moral: das sind die Regeln, die unser gutes Leben miteinander schützen.

Moralische Überlegungen stören Jesus erstaunlich wenig. Er hockt auf dem Boden und schreibt mit dem Finger in den Sand. Was er aufschreibt, erfahren wir nicht. Vielleicht mit gutem Grund. Von Mose wird berichtet, wie er mit den Steintafeln vom Berg herabkam, die Gott mit eigener Hand geschrieben hatte. Die 10 Gebote, von Gott aufgeschrieben, die Regeln für das gute Leben. Auch Jesus schreibt. Nicht in Stein, sondern in den Sand. Was er geschrieben hat, wird vergehen. Aber indem er schreibt, beherrscht er die Szene.

Das in Stein geschriebene Gesetz des Mose ist das eine. Es ist wichtig, denn es ist die Grundlage unseres Zusammenlebens in dieser Welt und die Grundlage unseres Lebens mit Gott. Die 10 Gebote sind uns zum Leben gegeben. Bleiben sie aber ein in Stein geschriebenes Gesetz, so können sie zum Steinewerfen verführen, zur Steinigung derer, die dagegen verstoßen.

Jesus bleibt souverän und zeigt: Barmherzigkeit und Gnade sehen die *Person* des Schuldigen. Sie verführen nicht zum Steinewerfen. Barmherzigkeit und Gnade sehen die Situation, die sich verändert, weil die Ehebrecherin von heute ganz anders ist als der Dieb von morgen. Obwohl er in der Erzählung nur wenig Worte macht, zeigt Jesus darin seine Souveränität, dass er Recht und Gnade in das rechte Verhältnis setzt.

Dass Liebe Sünde sein kann, bestreitet Jesus nicht. Am Ende gibt er den Anklägern sogar Recht. Zunächst aber nimmt er ihnen das Heft aus der Hand. Nicht sie beherrschen die Situation, sondern er. Mit nur einem Satz entschärft er, und die Steine, die sie schon aufgehoben hatten, fallen zu Boden. Wer ohne Sünde ist, werfe den ersten Stein. Sie schämen sich, einer nach dem anderen. Es ist einfach, die Sünde der anderen zu sehen. Zu verurteilen und laut nach einer Strafe zu rufen. So kann ich von meinen eigenen Vergehen ablenken. Vielleicht sind sie alle treu in ihren Ehen. Zumindest nach außen hin. Vielleicht hat aber auch so mancher von ihnen schon innerlich die Ehe verlassen. Wendet sich seiner Frau nicht mehr zu. Hat angefangen zu vergleichen und aufzurechnen. Sieht die Nachbarin, die viel schöner, schlanker und jünger ist. Versteht das Unrecht, das ihm seine Frau angetan hat, als Freibrief. Vielleicht fehlte dem einen oder anderen auch einfach die Gelegenheit. Aber selbstkritisch müssen sie eingestehen: wir alle machen uns schuldig an anderen, an uns selbst und an Gott. So weiß wie die Weste auf den ersten Blick scheint, ist sie gar nicht. – Bei niemandem.

Auf die Sünde von anderen den Finger zu legen, ist einfach. Das gilt nicht nur für Männer. Herrlich können wir uns abgrenzen. Welch eine Wohltat, die Fehler anderer zu analysieren! Die Sünde, das sind die anderen. Wir nehmen schon die Steine in die Hand. Wer unter euch ohne Sünde ist... ein entlarvendes, beschämendes Wort. Ohne Sünde ist niemand unter uns. Vielleicht verstecken wir sie nur besser. Ertappt. Einer nach dem anderen dre-

hen sie sich um. Ein Urteil wird nicht gesprochen. Die Steine fallen zu Boden.
Jesus hat gar nicht aufgesehen. Dass keine Steine fliegen, überrascht ihn nicht. Er überprüft nicht, wer geht und was für ein Gesicht die ehemaligen Ankläger machen. Sind alle weg? Hat keiner ein Urteil gesprochen? Keiner, sagt die Frau. Auch sein Urteil fällt mild aus. Er heißt nicht gut, was geschehen ist. Der Vertrauensbruch wird nicht legitimiert. Die Gesetzesübertretung bleibt. Und dennoch: eine Verurteilung wird nicht gesprochen, und das Urteil ist damit umso wirksamer.
Sündige hinfort nicht mehr. So schickt er sie fort. Sündigen ist nicht dasselbe wie die Ehe brechen. Bleib in der Liebe Gottes, sagt Jesus mit seinem Satz. Meide die Sünde. Die Gebote helfen dir dabei, denn sie sind dir gegeben, um die Liebe zu schützen. Die Gebote werden nicht aus Angst vor Strafe befolgt. Sondern aus Liebe. Der Kirchenvater Augustin hat gesagt: Liebe und tue, was du willst. Das ist kein Freibrief und keine Regellosigkeit. Liebe *kann* Sünde sein. Immer dann, wenn sie das Vertrauen eines anderen missbraucht und beschmutzt. Immer dann, wenn sie ihren eigenen Vorteil sucht. Wenn sie rücksichtslos wird und Verluste als Kollateralschäden einfach hinnimmt. Wenn sie bewusst Scherben anrichtet, an denen sich andere schneiden.
Eine solche selbstsüchtige Liebe meint der Satz nicht: Liebe und tue, was du willst. Sondern er meint die Liebe, mit der die *Person* angesehen und geachtet wird. Liebe, die befreit. Liebe, wie Jesus sie in der Geschichte mit der Ehebrecherin verkörpert. Er hat nicht Liebe gegen Regeln ausgespielt, wie die Pharisäer es von ihm wollten. Er hat kein Happy End vorbereitet wie im *Blaufuchs* mit Zarah Leander. Indem er Recht und Gnade in ein rechtes Verhältnis, in das Verhältnis der Liebe, gesetzt hat, hat er einen Raum eröffnet, der einen Menschen befreit und ihn rettet vor dem sicheren Tod. Einen

Raum, der die Möglichkeit für Verantwortung und Hoffnung schafft, einen Raum der Liebe.

Wir wissen nicht, wie die Frau nach Hause gegangen ist. Mit dem Raum der Liebe hat Jesus die Voraussetzung dafür geschaffen, dass sie die Verantwortung für ihr Tun und für ihre Schuld übernehmen und einen Weg der Vergebung beginnen kann, wie immer er auch aussehen mag. Manchmal gelingt es, sich in schon lange lieblos gewordenen Ehen miteinander zu versöhnen. Manchmal ist es der richtige Weg, eine Beziehung zu beenden. Vergebung braucht es immer, damit heilen kann, was zerbrochen ist. Für diese Vergebung braucht es nicht die Strafe, nicht die Steinigung, sondern die Liebe. Einen Freiheits- und Hoffnungsraum eröffnet zu haben, ist der rote Faden, der sich in den Evangelien um die Erzählungen von Jesus von Nazareth zieht. Treten wir ein in diesen Freiheits- und Hoffnungsraum, in diesen Raum, den die Liebe schenkt. *Diese* Liebe, die sich verschenkt und die Person des anderen sieht, nicht zuerst das, was der andere verschuldet hat, diese Liebe kann keine Sünde sein. Treten wir ein, die Tür steht offen. Amen.

6. Sonntag nach Trinitatis: Lobet den Herren, EG 317

Liebe Gemeinde,
Heute singen wir alle große Töne: der Chor mit seiner wunderbaren Musik und in Dankbarkeit nach 100 Jahren treuer Chorarbeit. Wir alle gemeinsam mit den Liedern, die wir schon gesungen haben, und mit dem Lied: Lobe den Herren, den mächtigen König der Ehren. Dieses Lied ist heute der Predigttext. Wahrlich große Töne. Kaum ein Lied ist so bekannt. Kein deutsches Kirchenlied ist in so viele Sprachen übersetzt worden. Lobe den Herren, das geht immer, bei Trauungen und Taufen, selbst bei Beerdigungen. Große Töne zu Gottes Lob, so wie uns heute der Chor schon mit großen Tönen erfreut hat und noch erfreuen wird.
Vielleicht sind die großen Töne manchem aber auch zu groß. Vielleicht fragt sich mancher unter Ihnen: Wie kann ich große Töne singen, wenn es in meinem Leben viel mehr Gründe zum Klagen gibt? Wenn Menschen in Ländern wie Syrien oder Ägypten unter anderen Menschen leiden? Und bei Ihnen ganz persönlich: Wenn ich einen Menschen verloren habe, oder meine Gesundheit angegriffen ist? Vielleicht ist Ihnen nach solch großen Tönen gar nicht zumute.
Für die großen Töne, um Gott zu loben, brauche ich einen langen Atem. Vor allem in dem Lied: Lobe den Herren. Der Melodiebogen ist so lang wie in wenigen anderen Liedern. *Lobe den Herren, den mächtigen König der Ehren* — 18 Erhebungen. Große Töne mit einem langen Atem. Über große Töne kann ich nicht nur nachdenken. Ich muss sie singen. Wir singen gemeinsam die erste Strophe.

1) Lobe den Herren, den mächtigen König der Ehren,
meine geliebete Seele, das ist mein Begehren.

Kommet zuhauf, Psalter und Harfe, wacht auf,
lasset den Lobgesang hören!

Lobe den Herren. Das ganze Lied ist eine Anrede an „meine geliebte Seele", ein Gespräch mit meiner Seele. — Wer ist das, die Seele? Die Seele, das bin ich selbst. Aber nicht, wenn ich stark bin. Die Seele, das bin ich in meiner *Bedürftigkeit.* In meinem Hunger nach Anerkennung und Liebe. Meine Seele, das bin ich in meiner Verletzlichkeit. Wenn ich mich einem anderen zeige, so, wie ich bin. Meine Masken fallen lasse. In den Psalmen ist oft von der Seele die Rede. „Was betrübst du dich, meine Seele, und bist so unruhig in mir?" (Ps 42,6.12).

Von der unruhigen Seele weiß ich ein Lied zu singen. Meine unruhige Seele ist atemlos. Sie hört viele Stimmen: Regle dies, kümmere dich um das. Hast du endlich das Projekt abgeliefert? Hast du dich um den Einkauf für die kommende Woche gekümmert? Hast du die E-Mail geschrieben, auf die dein Kollege seit vorgestern wartet? Hast du bei der Erzieherin nachgefragt, warum deine Tochter immer so müde aus dem Kindergarten kommt? Hast du? Denkst du an? — Wenn sie so viele Stimmen hört, wird meine Seele atemlos. In ihrem Hunger nach Liebe geht ihr manchmal die Puste aus.

Meine Seele, das bin ich selbst in Beziehung. Auch in Beziehung zu Gott. Meine Seele ist mein Glaubens-Ich. „Meine Seele verlangt nach dir, Gott." (Ps 63,2). „Meine Seele ist still und ruhig, wie ein kleines Kind bei seiner Mutter." Auch das steht in den Psalmen (Ps 131,2). Manchmal vergisst die Seele, dass sie bei Gott zur Ruhe kommt. Sie verliert sich in ihrem Hunger nach Liebe und Anerkennung. Sie verliert den langen Atem in all den Dingen, die zu tun sind. Das Loben gibt ihr neuen Atmen. Langen Atem, den sie braucht. Im Loben findet die Seele zur Ruhe. Im Loben spricht sie ihre Muttersprache. Manchmal muss sie daran erinnert werden: Lobe den Herren, meine

Seele. Denn im Loben bist du ganz du selbst. So, wie du gemeint bist. Lobe und werde du selbst. Wir hören den Chor mit der zweiten Strophe.

2) Lobe den Herren, der alles so herrlich regieret,
der dich auf Adelers Fittichen sicher geführet,
der dich erhält, wie es dir selber gefällt;
hast du nicht dieses verspüret?

Auch in der zweiten Strophe große Töne. Von Gott, der alles herrlich regiert. Und der nicht nur die ganze Welt regiert, der auch *mein* Leben erhält. — Loben, das lässt mich aufatmen. Es ist die Kunst der Unterscheidung.
Martin Luther hat einmal gesagt: wir sollen Menschen sein und nicht Gott. Loben heißt: ich unterscheide zwischen mir und Gott. Ich halte inne und mir wird bewusst: mein Leben liegt in Gottes Hand. *Er* führt und erhält mein Leben, wie er *alles* so herrlich regiert. Darin steckt eine Entlastung. Mein Leben liegt nicht in meiner, sondern in Gottes Hand, der es gut mit mir meint. Ich brauche nicht für mich selbst zu sorgen. Indem sie lobt, erkennt meine Seele, wo oben und unten ist.
Meine Seele kommt zur Ruhe, wenn sie zwischen mir und Gott unterscheidet. Wenn sie das Leben aus Gottes Hand nimmt und in Gottes Hand legt. Im Loben geschieht Seelsorge. Ich brauche diese Seelsorge, denn im Getriebe meines Alltags vergesse ich viel zu oft, was meiner Seele gut tut. Wir singen gemeinsam die dritte Strophe.

3) Lobe den Herren, der künstlich und fein dich bereitet,
der dir Gesundheit verliehen, dich freundlich geleitet.
In wieviel Not hat nicht der gnädige Gott
über dir Flügel gebreitet!

Die dritte Strophe ist die einzige Strophe, in der angedeutet wird: im Leben geht es nicht immer leicht zu. Es gibt Zeiten der Not. Aber auch hier, so haben wir gesungen, hat Gott seine schützenden Flügel über meine Seele gelegt. Bei all diesen großen Tönen könnte man denken, dass der Lieddichter auf der Sonnenseite des Lebens stand. Hat er überhaupt echte Not erfahren?

Das Lied stammt von Joachim Neander. Joachim Neander wuchs Mitte des 17. Jahrhunderts in Bremen auf und studierte dort Theologie. Nach seinem Studium war er als Erzieher in Heidelberg und in Frankfurt/Main. Dort lernte er unter anderem Philipp Jacob Spener kennen, den Begründer des Pietismus, und mit ihm Männer, denen es darum ging, dass der Glaube an Gott Früchte trägt. Dass der Glaube nicht nur eine Kopfsache ist, sondern auch Herzen und Hände bewegt. Joachim Neander war begeistert, und er begann selbst, Predigten zu halten. Der kirchlichen Verwaltung gegenüber war er kritisch, viele Kirchenobere waren ihm zu lax.

1674 wurde Neander Rektor der Lateinschule in Düsseldorf und Hilfsprediger. Die Kirchenleitung verlieh ihm wegen seiner Kirchenkritik keine eigene Pfarrstelle. Er verdiente nicht viel Geld. Auch in Düsseldorf hielt er Predigten. Er schrieb Texte und Lieder. Weil er in einem Tal in der Nähe von Düsseldorf Menschen um sich versammelte, wurde dieses Tal das „Neandertal" genannt — dasselbe Tal, in dem später Knochenreste des Neandertalers gefunden worden sind.

Joachim Neander hat es in seinem Leben nicht leicht gehabt. Er stand nicht auf der Sonnenseite. Eine lange Wanderzeit, keine finanzielle Absicherung, keine berufliche Perspektive. Weil er so wenig Geld hatte, konnte er keine Familie gründen, denn er hätte sie nicht ernähren können. 1679 ist Neander Hilfsprediger in Bremen geworden. Er stand immer noch finanziell schlecht da. In dieser Zeit hat er das Lied „Lobe den Herren“ gedichtet, und nur kurz darauf, an Pfingsten 1680 ist er in Bremen, wahrscheinlich an der Pest, gestorben. Er ist nur 30 Jahre alt geworden, wenig älter als Jimi Hendrix.

Obwohl er es in seinem Leben nicht leicht gehabt hat, findet Neander große Töne, um Gott zu loben. Die Psychologen nennen das *Resilienz*. Resilienz, das ist die Fähigkeit, mit Widrigkeiten des Lebens umzugehen und trotzdem die Hoffnung nicht zu verlieren. Vielleicht war Joachim Neander ein resilienter Mensch. Vielleicht liegt es aber auch daran, dass er einen anderen Blick für das hatte, was im Leben wichtig ist. Loben ist ein Augenöffner. Der lange Atem des Lobens gibt mir einen langen Atem fürs Leben. Das Loben lehrt mich, Dinge in einem anderen Licht zu sehen: Gottes Fürsorge zu entdecken in allem, was ich erlebe. In den Aufgaben, die mir manches Mal viel zu schwer sind, zu entdecken, dass ich gesund genug bin, sie zu meistern. Und auch in Krankheit, in finsteren Tälern, in Abschieden, Trennungen und Krisen, zu entdecken, dass ich in diesen Zeiten nicht allein war, sondern begleitet wurde — unter den Flügeln des gnädigen Gottes.

Sören Kierkegaard hat unser Leben mit einem Ruderboot verglichen. Wir leben vorwärts, aber wir verstehen rückwärts. So wie der Ruderer das, worauf er zu rudert, im Rücken hat. Er kann es nicht sehen, aber im Rückblick ergibt sich vor seinen Augen ein Bild. Manchmal erlebe ich Dinge, die ich nicht verstehe. Manchmal gehe ich durch tiefe Täler. Im Nachhinein können solche Zeiten einen Sinn ergeben, weil sie mich besonders haben reifen lassen. Oder ich begreife diese Zeiten als Phasen in meinem Leben, in denen Gott mir besonders nahe war. Oder ich schätze sie im Nachhinein besonders wichtig, weil ich mich auf eine ganz neue Weise kennen gelernt habe. Es hat weh getan, und ich hätte es mir nicht freiwillig ausgesucht, aber im Rückblick war es wichtig. *In wie viel Not hat nicht der gnädige Gott über dir Flügel gebreitet!* Wir leben vorwärts, aber, wenn wir Gott loben, verstehen wir rückwärts.

Das Loben gibt eine Sprachhilfe für das Zurückschauen. Wenn ich lobe, erzähle ich von meiner Not. Und ich staune darüber, dass Gott doch da war — auch wenn ich ihn erstmal gar nicht gespürt habe. Das Loben gibt mir einen anderen Blick und einen langen Atem. Es lässt mich auf den schauen, von dem alles Gute kommt. Und es gibt mir Hoffnung, dass Gott mich auch in meiner Not jetzt nicht verlassen wird. Sei doch dessen gewiss, liebe Seele: Gott meint es gut mit dir!

Joachim Neander hat große Töne gefunden, Gott zu loben. Und obwohl er ehe- und kinderlos bleiben musste, lobt er Gott dafür, dass Gott seinen Stand sichtbar gesegnet hat. Der Chor wird es gleich singen. Ich finde das stark und bemerkenswert. Gotteslob vergleicht sich nicht mit anderen. Ich bin nicht glücklich, weil es mir besser geht als anderen. Ich schiele nicht auf die, die bevorzugt scheinen. Gotteslob lässt die Seele aufatmen und aufschauen. Aufschauen zu dem, von dem uns Hilfe kommt. Meine Seele muss immer wieder daran erinnert werden. Im Loben, liebe Seele, kommst du zu Atem und schöpfst neue Kraft. Vergiss es nicht!

Der Chor singt die vierte Strophe, und wir stimmen anschließend gemeinsam in die fünfte Strophe ein und schließen das Gespräch mit unserer Seele mit Amen: so sei es.

4) Lobe den Herren, der deinen Stand sichtbar gesegnet,
der aus dem Himmel mit Strömen der Liebe geregnet.
Denke daran, was der Allmächtige kann,
der dir mit Liebe begegnet!

5) Lobe den Herren, was in mir ist, lobe den Namen.

Alles, was Odem hat, lobe mit Abrahams Samen.

Er ist dein Licht, Seele, vergiss es ja nicht.

Lob ihn in Ewigkeit! Amen.

8. Sonntag nach Trinitatis: Johannes 9,1-7

Joh 9,1-7

1 Und Jesus ging vorüber und sah einen Menschen, der blind geboren war.
2 Und seine Jünger fragten ihn und sprachen: Meister, wer hat gesündigt,
dieser oder seine Eltern, dass er blind geboren ist? 3 Jesus antwortete: Es
hat weder dieser gesündigt noch seine Eltern, sondern es sollen die Werke
Gottes offenbar werden an ihm. 4 Wir müssen die Werke dessen wirken,
der mich gesandt hat, solange es Tag ist; es kommt die Nacht, da niemand
wirken kann. 5 Solange ich in der Welt bin, bin ich das Licht der Welt. 6 Als
er das gesagt hatte, spuckte er auf die Erde, machte daraus einen Brei und
strich den Brei auf die Augen des Blinden. 7 Und er sprach zu ihm: Geh zum
Teich Siloah - das heißt übersetzt: gesandt - und wasche dich! Da ging er hin
und wusch sich und kam sehend wieder.

Liebe Gemeinde,

Ein Paar erwartet ein Kind. Die beiden erleben neun aufregende Monate. Wie wird es aussehen? Ist es ein Junge oder ein Mädchen? Vorfreude und Neugierde mischen sich, dazu leises Bangen. Wird alles gut gehen bei der Geburt? Wie wird es sein, wenn wir Eltern sind? Schaffen wir es, mit wenig Schlaf zurecht zu kommen? Werden wir liebvoll und konsequent Grenzen setzen können? Die Spannung steigt. Dann kommt der große Tag. Die Wehen setzen ein, nach Stunden ist es geschafft. Das Kind ist geboren. Die Mutter lehnt sich erschöpft zurück. Der Schmerz ist schnell vergessen. Der Vater sieht sein Kind. Ein Junge. Noch ganz verschrumpelt sieht das Baby aus. Fünf Finger und fünf Zehen sind dran. Eine Erleichterung.

Doch dann sieht er es: die Augen des Kindes sind ganz trüb. Ist das eine Nachwirkung der Geburt, will er fragen, da merkt er, dass der Arzt hektisch wird. Ein Kinderarzt wird gerufen, der Kleine untersucht. Der Kinderarzt macht ein ernstes Gesicht. Blind, schießt es dem jungen Vater durch den Kopf. Als Blinder geboren. Ein behindertes Kind. Wie haben wir das verdient? Warum wir? Zu den Fragen gesellt sich der Blick des Arztes. Waren Sie denn nicht bei den Vorsorgeuntersuchungen? So etwas muss doch heute nicht mehr sein. Scham, Schuld, ein schlechtes Gewissen, der Wunsch zu kontrollieren, die Fäden in der Hand zu behalten. Das alles bewegt den Vater. Wer ist schuld? Warum wir?

Die Frage *Warum* ist uralt. Vielleicht gibt es sie, seit Menschen denken können, nachdenken können über sich selbst und ihr Schicksal. Warum ich und kein anderer? Wer hat da etwas falsch gemacht? Schuld wird gesucht, Kontrolle soll gewonnen werden. Wenn das Warum geklärt ist, können wir die Situation in Zukunft vermeiden – so denken wir. Nicht nur im Kreißsaal: warum?, auch bei einem Unfall, bei einer Krankheit, bei einer Trennung, bei einem Schicksalsschlag. Warum passiert mir das? Werde ich bestraft? Bin ich schuld? Oder wer ist schuld?
Aber auch wenn es vordergründig manchmal eine Antwort auf die Frage gibt – die Wirklichkeit ist meist komplizierter. Nicht jedes behinderte Kind hatte eine rauchende Mutter. Nicht jeder Krebskranke einen ungesunden Lebensstil. Nicht jeder Arbeitslose hat zum Chef eine respektlose Bemerkung gemacht, nicht jedes Burnout hätte vermieden werden können. Und nicht jede Ehe scheitert, weil einer von beiden einfach geht. Das Leben ist komplizierter. Nicht immer gibt es einen Schuldigen, den man belangen kann, und nur selten gibt es eine klare Antwort auf die Frage *Warum*.

Dass das Leben komplizierter ist, zeigt sich auch in der Geschichte, die heute der Predigttext ist. Die Jünger fragen *warum*, Jesus weist das Warum zurück. Er gibt der Krankheit keinen Sinn. Niemand leidet, weil Gott ihn heilen will. Kein Kind kommt blind auf die Welt, weil Gott darin sich oder uns etwas beweisen will. Kein Mensch wird schwer krank, weil in der Krankheit ein Sinn liegt. Was denn dann, wenn nicht das Warum? Es geht um eine persönliche, leibliche Begegnung, die alles verändert. Es geht darum, dass Blinden die Augen geöffnet werden – im wörtlichen und im übertragenen Sinne. Wir werden hineingestellt in die Sehschule des Glaubens, die Jesus Christus eröffnet.

Da ist zum einen der Blinde. Wir erfahren nicht einmal seinen Namen. Wir hören nur, dass er schon blind zur Welt kam. Er hat keine Krankheit gehabt, in deren Verlauf er allmählich sein Augenlicht verloren hat. Er hat von seinem allerersten Lebenstag an in der Dunkelheit gelebt. Seine übrigen Sinne ausgebildet, so dass er besonders gut hören, tasten, riechen und schmecken konnte. Vielleicht hat er, wie Bartimäus aus den anderen Evangelien, seinen Lebensunterhalt mit Betteln verdient. Wir wissen es nicht. Er bleibt stumm, er bittet Jesus nicht um Heilung. Indem er am Wegrand sitzt, wird er Anlass eines gelehrten Gesprächs. Durch sein bloßes Dasein setzt er etwas in Bewegung. Obwohl er selbst sich erst mal gar nicht bewegt.
Der Blinde fragt nicht *warum*, das erledigen andere für ihn: wer ist schuld an seiner Blindheit, er selbst oder seine Eltern?, fragen die Jünger – und halten sich Blindheit und Sünde vom Leib. Vielleicht sind sie von echtem Interesse an der Frage bewegt. Aber das Schicksals des Menschen am Wegrand bewegt sie nicht. Er wird zum Gesprächsanlass Wenn der Blinde selbst schuld ist oder die Schuld seiner Eltern trägt, sind wir, die wir sehen, sicher. Ein theologisches Gespräch über Blindheit und Sünde lässt alles schön abstrakt bleiben: die Welt wird geordnet. Hier die Sehenden, dort die Blinden.

Hier die Reichen, dort die Armen. Hier gesund, dort krank. Wo wir stehen, ist klar. Und dass die anderen schuld sind, auch.
Jesus antwortet: niemand hat gesündigt, Gott will an ihm wirken. Wer das als eine Antwort auf die Frage *Warum* deutet, versteht es falsch. Der Blinde ist nicht blind, weil Gott an ihm etwas zeigen will. Die Sehschule des Glaubens: die klare Ordnung verschiebt sich. Grenzen werden verrückt, Menschen werden bewegt, Schubladen geöffnet, Gott wendet sich einem Menschen zu. Er will dem Blinden begegnen. Und der Blindgeborene wird zum Zeichen dafür, dass die eigentlich Blinden die Jünger sind. Denn sie haben noch nicht begriffen, dass das Licht mitten unter ihnen scheint. Die eigentlich Blinden erkennen nicht, dass es darum geht, sich bewegen zu lassen, sich in die Geschichte Gottes, in die Geschichte Jesu Christi verwickeln zu lassen – und nicht in gelehrter Distanz dazu zu bleiben und über die Grenzen zu spekulieren, die unsere Welt in gut und böse einteilen.
Auch der am eigenen Leib Blinde soll nicht blind bleiben. Auch er wird in Bewegung gebracht. Mit Speichel und Erde mischt Jesus einen heilenden Brei und streicht ihm den Blinden auf die Augen. Wer sich ekelt, hat noch nie Spucke auf einen Mückenstich geschmiert. Mach dich auf den Weg, schickt Jesus ihn fort, wasch dich am Teich Siloa. Der Name des Teiches wird dem Blinden zum Auftrag: der Gesendete, so heißt Siloa übersetzt, so, wie der Blinde selbst. Die leibliche Blindheit ist beendet. Für alle zum Zeichen kommt der ehemals Blinde wieder. Seine Dunkelheit ist vorüber, für ihn scheint das Licht. Er hat sich von Jesus in Bewegung bringen lassen, und das hat ihn geheilt.

Und die Jünger? Man sieht nur mit dem Herzen gut, das Wesentliche ist für die Augen unsichtbar. Das weiß auch der Kleine Prinz. Jesus schreibt seinen Jüngern und uns diesen Satz vor Augen. Nur ein sehendes Herz kann begreifen und erfassen, dass das Licht der Welt erschienen ist und mitten unter uns gelebt hat. Es braucht das Herz, nach biblischer Theologie das Zentrum unserer Person, um zu begreifen, wie das Leben, wie der Glaube spielt. Es braucht das Herz, um zu begreifen, dass die Frage nach dem Warum nicht angemessen ist, nicht hilfreich. Sondern dass es im Leben und im Glauben darum geht, sich von der Liebe Gottes, die Mensch geworden ist, bewegen und heilen zu lassen.

Es braucht das sehende Herz, um zu begreifen, dass distanzierende Fragen, mit denen wir die Kontrolle behalten oder wiedergewinnen wollen, uns nicht helfen, heil zu werden. Dass die Grenzen und Schemen, in denen wir die Welt einteilen, der Lebendigkeit des Lebens nicht gerecht werden. Warum ich?, fragt der Kopf. Und das sehende Herz antwortet: ich weiß es nicht. Und vielleicht wirst du niemals eine Antwort auf deine Frage erhalten. Aber eines weiß ich: du bist nicht allein. Du bist gehalten. Du sollst heil werden, weil in dir etwas in Bewegung gesetzt, zum Fließen gebracht werden soll.

Für die Jünger ist die Begebenheit mit dem Menschen, der blind zur Welt kam, eine Sehschule des Glaubens. Eine Frage wird als falsch entlarvt, und etwas gerät in Bewegung – nicht nur der Blinde. Auch für mich eröffnet sich die Sehschule. Nicht die Antwort auf das *Warum* hilft mir zu leben. Nicht die Antwort auf das *Warum* macht mich heil. Denn die erfasst häufig gar nicht die Wirklichkeit in ihrer Vieldeutigkeit und Vielschichtigkeit. Sondern der Mut, mich bewegen zu lassen – von der liebvollen Berührung des Mensch gewordenen Gottes Jesus Christus. Der Mut, mich bewegen zu lassen von der Not der Menschen. Der Mut, meine engen Grenzen verrücken zu lassen. Es beginnt etwas zu fließen und zu leben. Das Herz öffnet sich und ich lerne zu sehen: jeden Menschen zu sehen als Menschen, an dem Gott wirken will, und jede Situation zu sehen als Zeit, in der Gott mich nicht verlässt. Und die

Frage *Warum* wird kleiner. Sie verliert nicht ihren Wert. Aber sie wird ins rechte Licht gesetzt. Amen.

15. Sonntag nach Trinitatis: Gal 5,25-6,3.7-10

Liebe Gemeinde,

Noch eine letzte Kurve. Der Schweiß läuft ihm in Strömen über das Gesicht und den Rücken hinunter. Er stöhnt. Das Gewicht hängt schwer in seinen Armen. Er spürt, wie seine Beine zittern. Wie soll er es nur schaffen? Aber nur noch eine letzte Kurve. Er kann den Gipfel schon sehen. Gleich hat er es geschafft. Er reißt sich zusammen, packt alle seine Kräfte noch einmal zusammen. Da rollt der schwere Stein auf den Gipfel des Berges.

Jetzt verschnaufen, denkt er. Jetzt genießen, dass die Arbeit geschafft ist. Jetzt erholen. Er lässt los. Und kann sich gerade noch mit einem beherzten Satz zur Seite retten, denn der schwere Stein, den er eben bis hinauf gewälzt hatte, macht sich schon wieder selbstständig. Ihm bleibt keine Zeit. Er muss dem Stein hinterher, muss sich wieder an den Abstieg machen und von neuem seine Arbeit beginnen. Eine Sisyphos-Arbeit, wie es heißt. Sie heißt nach ihm, dem griechischen Helden Sisyphos. Weil er den Gott der Unterwelt verspottet hatte, muss er auf ewig den schweren Stein nach oben wälzen und ist dazu verdammt, niemals ausruhen zu dürfen. Gott lässt seiner nicht spotten.

Sisyphos ist zum Sinnbild der vergeblichen Arbeit geworden. Er ist ein Mensch, der niemals Zeit hat. Ein Mensch, der nicht ausruhen kann von seiner Arbeit, sondern immer unter Strom steht, auf ewig dazu verdammt, eine Last zu schleppen, die ihm immer wieder entgleitet und der er niemals Herr werden kann. Eine schwere, für mich auch eine trostlose Existenz. Die Bilder, auf denen Sisyphos dargestellt wird, sind meist in düsteren Farben gehalten. So düster wie das absurde Schicksal des Sisyphos.

Vor allem Albert Camus hat das Motiv aufgenommen. Für ihn spiegelt die Gestalt des Sisyphos jeden Menschen, der sich irgendwie mit seiner absurden Existenz aussöhnen muss. Sisyphos, das Sinnbild des gehetzten, ewig gleichen und absurden Schicksals.

Unser Predigttext entwirft ein anderes Bild. Hören wir, was der Apostel Paulus den Gemeinden in Galatien zu sagen hat (Gal 5,25-6,3.7-10):

25 Wenn wir im Geist leben, so lasst uns auch im Geist wandeln. 26 Lasst
uns nicht nach eitler Ehre trachten, einander nicht herausfordern und
beneiden. 6,1 Liebe Brüder, wenn ein Mensch etwa von einer Verfehlung
ereilt wird, so helft ihm wieder zurecht mit sanftmütigem Geist, ihr, die ihr
geistlich seid; und sieh auf dich selbst, dass du nicht auch versucht werdest.
2 Einer trage des andern Last, so werdet ihr das Gesetz Christi erfüllen.
3 Denn wenn jemand meint, er sei etwas, obwohl er doch nichts ist, der
betrügt sich selbst. 7 Irret euch nicht! Gott lässt sich nicht spotten. Denn
was der Mensch sät, das wird er ernten. 8 Wer auf sein Fleisch sät, der wird
von dem Fleisch das Verderben ernten; wer aber auf den Geist sät, der wird
von dem Geist das ewige Leben ernten. 9 Lasst uns aber Gutes tun und nicht
müde werden; denn zu seiner Zeit werden wir auch ernten, wenn wir nicht
nachlassen. 10 Darum, solange wir noch Zeit haben, lasst uns Gutes tun an
jedermann, allermeist aber an des Glaubens Genossen.

Sisyphos hat keine Zeit. Er hat viel Mühe und eine Aufgabe, die nie fertig wird. Der Sisyphos-Mensch ist stark, auch in mir. Es ist der Drang, sich einspannen zu lassen, nicht entspannen zu können. Keine Zeit und keine Ruhe zu finden. Der Drang, immer weiter zu schaffen, weil andere es von mir verlangen. Das Auge nur auf den Stein gerichtet. Im Ohr die Antreiber: los, weiter, nach oben, mach schon, dass du das erledigst! Und wenn der Stein wieder nach unten gerollt ist, dann höhnt die Stimme: vergeblich!

Streng dich beim nächsten Mal halt besser an, damit dir das nicht wieder passiert! Gib dir Mühe! Der Stein wird mir zur Last. Unerträglich. Viel zu schwer. Und doch hat er mich im Griff. Ich kann nicht anders, ich muss ihn hinaufstemmen. Irgendwie gehört er zu mir; ich habe es mir selbst zuzuschreiben, dass ich ihn nicht loswerde. Der Stein, das ist alles, was mich belastet und mir das Leben schwer macht. Und das ist auch alles, was ich verschulde, alles, was ich anderen schuldig bleibe. Mit jedem Rollen auf den Gipfel nimmt er noch ein bisschen Gewicht mit. Er wird immer schwerer. Alles mögliche bleibt an ihm kleben. So sehr habe ich mich an ihn gewöhnt, dass er schon zu einem Teil von mir geworden ist. Sisyphos ist stark.

Paulus sagt: du bist nicht Sisyphos. Etwas hat sich zwischen dich und den Stein geschoben. Seit deiner Taufe gilt ein anderes Gesetz. Du hast Zeit. Du bist frei. Zur Freiheit hat Christus dich befreit, damit du dich nicht gefangen nehmen lässt von den großen Steinen, die dir viel zu schwer sind. Damit du dich nicht beeindrucken lässt von den großen Brocken, die andere dir aufhalsen und die das Leben dir mitgibt. Der Stein, das bist nicht du. Er ist auch nicht dein verlängerter Arm. Und erst recht nicht dein Schicksal. Zwischen dir und dem Stein steht Christus, der dich zur Freiheit befreit hat.
Die große Freiheit, zu der Christus mich befreit hat, wird von Paulus in kleine Freiheiten umgerechnet: du bist frei, dich nicht mit anderen zu vergleichen. Du bist frei, nicht neidisch zu sein. Du bist frei, anderen ihre Lasten, ihre Steine abzunehmen. Du bist frei und hast Zeit, anderen Gutes zu tun.
Mich mit anderen zu vergleichen, das sitzt tief. Wir lernen es schon als Kleinkinder. Mütter vergleichen, wie weit ihre Spösslinge schon beim Sprechen oder Laufen sind. Kindergartenkinder vergleichen, wie schön sie malen und sägen können. In der Schule vergleichen wir, wer die bessere

Note in Mathematik geschrieben hat, und später vergleichen wir, wer sich das schönere Auto und den gepflegteren Garten leisten kann. Sich mit anderen zu vergleichen, das sitzt tief. Meistens schwingt dabei noch ein Quantum Neid mit. Was meine Nachbarin besser kann als ich, macht mich neidisch. Für mich waren Kunst-Stunden in der Schule eine Qual, und ich kann heute noch nicht gut basteln und betrachte wehmütig die Basteleien, die andere Mütter mit ihren Kindern hinkriegen. Neid ist der Bruder des Argwohns. Jemand anders kann etwas besser als ich. Er ist sicherlich angesehener. Und vielleicht hat er sich seinen Erfolg erschummelt?
Sisyphos blickt nicht nach rechts und links. Er ist mit seinem Fels beschäftigt. Vielleicht geht ihm aber durch den Kopf: warum habe nur ich so eine schwere Aufgabe? Andere hätten es genauso verdient wie ich. Und andere tragen nicht so schwer. Sie strengen sich nicht so an und haben doch viel mehr Erfolg. Warum stehen andere auf der Gewinner-Seite?

Paulus sagt: du bist frei dazu, nicht neidisch zu sein. Du brauchst dich nicht mit anderen zu vergleichen. Denn das hast du gar nicht nötig. Du bist reich beschenkt mit allem, was du brauchst. Du darfst ohne jeden Neid genießen, was andere können. Und wenn du siehst, dass dein Bruder oder deine Schwester neidisch auf die anderen schielt, dann erinnere sie liebevoll an die Freiheit! Du musst nicht mehr vorgeben, als du bist. Du musst nicht posieren! Denn Christus hat dich befreit. Du bist den Stein schon losgeworden.
Zwischen dir und deinem Stein steht Christus. Der Stein, die Last ist noch da, aber sie ist nicht mehr deine Sorge. Denn Christus sorgt für dich. Du musst dich nicht davon bestimmen lassen, was andere dir aufhalsen. Du musst nicht dem hinterher laufen, was du dir selbst aufbrummst. Du musst nicht ewig daran tragen, was du verschuldet hast. Weil Christus zwischen

mir und dem Stein steht, ermutigt Paulus mich: trage die Lasten der anderen mit! So wirst du tun, wozu Christus dich befreit hat. Manchmal hat jemand an etwas zu tragen, was ihm viel zu schwer ist. Eine Krankheit. Eine Trennung. Eine Not. Eine Sorge. Trage das mit! Nimm anderen ein Stück von der Last ab, die sie sich selbst sind! Nimm anderen ein Stück der Last ab, die sie für dich sind. Vergib, was andere dir zumuten. Lass dir vergeben, was du anderen zumutest. Manchmal ist das harte Arbeit. Aber keine Sisyphos-Arbeit. Du bist damit nicht allein. Die Arbeit ist nicht vergeblich. Zu zweit schafft ihr es, die Last zu tragen und erträglicher zu machen.

Zwischen dir und dem Stein steht Christus. Du bist frei, Zeit zu haben. Sisyphos hat keine Zeit. Er ist gehetzt, muss fertig werden und kommt doch nie an. Einsam ist er. Er hat keine Zeit, sich etwas Gutes zu tun. Er kann nicht ausruhen, nicht genießen. Paulus sagt: ihr habt Zeit Gutes zu tun. Euch ist die Zeit geschenkt, euch umzusehen und zu bemerken, wer neben euch unterwegs ist. Wer eure Hilfe braucht. Jetzt in diesem Augenblick. Und wer euch vielleicht bei eurer Last hilft. Was würde denn geschehen, wenn Sisyphos einmal den Blick abwendete von dem, was ihm jetzt so dringend und wichtig vorkommt? Wenn er einmal zur Seite sähe? Was würde geschehen, wenn der Stein einfach unten am Fuß des Berges bliebe? Vielleicht könnte sich sein einsames Schicksal verändern.

Der Gott der Unterwelt lässt sich nicht verspotten. Er verhängt schwere, absurde Strafen. Der Vater Jesu Christi, der Gott des Lebens, ist nicht der Gott der Unterwelt. Er verhängt keine einsamen, sinnlosen Aufgaben zur Strafe. Er zieht uns zur Verantwortung, das wohl. Paulus schreibt: Gott lässt seiner nicht spotten. Irret euch nicht! Was der Mensch sät, wird er ernten. Sisyphos erntet sein Geschick, das absurde Ewig-Gleiche. Er lässt niemanden zwischen sich und den Stein treten. Er fürchtet sich vor der

Freiheit. Sisyphos ist stark. Die Freiheit des Gottes des Lebens ist stärker. Der Fels hat nicht das letzte Wort, denn an Ostern ist er vom Grab gerollt worden. Amen.

18. Sonntag nach Trinitatis: Jakobus 2,1-13

Jak 2,1-13

1 Liebe Geschwister, haltet den Glauben an Jesus Christus, unsern Herrn der Herrlichkeit, frei von allem Ansehen der Person. 2 Denn wenn in eure Versammlung ein Mann käme mit einem goldenen Ring und in herrlicher Kleidung, es käme aber auch ein Armer in unsauberer Kleidung, 3 und ihr sähet auf den, der herrlich gekleidet ist, und sprächet zu ihm: Setze du dich hierher auf den guten Platz!, und sprächet zu dem Armen: Stell du dich dorthin!, oder: Setze dich unten zu meinen Füßen!, 4 ist's recht, dass ihr solche Unterschiede bei euch macht und urteilt mit bösen Gedanken? 5 Hört zu, meine lieben Geschwister! Hat nicht Gott erwählt die Armen in der Welt, die im Glauben reich sind und Erben des Reichs, das er verheißen hat denen, die ihn lieb haben? 6 Ihr aber habt dem Armen Unehre angetan. Sind es nicht die Reichen, die Gewalt gegen euch üben und euch vor Gericht ziehen? 7 Verlästern sie nicht den guten Namen, der über euch genannt ist? 8 Wenn ihr das königliche Gesetz erfüllt nach der Schrift (3. Mose 19,18): »Liebe deinen Nächsten wie dich selbst«, so tut ihr recht; 9 wenn ihr aber die Person anseht, tut ihr Sünde und werdet überführt vom Gesetz als Übertreter. 10 Denn wenn jemand das ganze Gesetz hält und sündigt gegen ein einziges Gebot, der ist am ganzen Gesetz schuldig. 11 Denn der gesagt hat (2. Mose 20,13-14): »Du sollst nicht ehebrechen«, der hat auch gesagt: »Du sollst nicht töten.« Wenn du nun nicht die Ehe brichst, tötest aber, bist du ein Übertreter des Gesetzes. 12 Redet so und handelt so wie Leute, die durchs Gesetz der Freiheit gerichtet werden sollen. 13 Denn es wird ein unbarmherziges Gericht über den ergehen, der nicht Barmherzigkeit getan hat; Barmherzigkeit aber triumphiert über das Gericht.

Liebe Gemeinde,
Eine Visitation ist eine große Sache. Für alle. Für Gemeinden, die visitiert werden, und für Kommissionen, die visitieren. Da werden Bücher gewälzt, Gruppen und Kreise besucht, Versammlungen einberufen, Gottesdienste gefeiert. Da werden Visionen für die nächsten Jahre entworfen und Träume geträumt. Manches Alte, das sich nicht bewährt hat, wird verabschiedet. Manche Verhaltensweise wird geprüft, manche Pfarrerin und manches Gemeindeglied nachdenklich gemacht. Am Ende einer Visitation schreibt die Kommission einen Bericht, vielleicht sogar einen Brief an die Gemeinde, die sie besucht hat.
Einen Visitationsbrief haben wir heute als Predigttext. Jakobus hat viele Gemeinden bereist. Häufig leben sie als kleine Gruppen unter Andersgläubigen. Was ist ihm bei ihnen aufgefallen? Hören wir drei Menschen, die den Visitationsbrief gelesen haben und sich ihre Gedanken dazu machen.

Susanne blickt nachdenklich vor sich hin. „Kein Ansehen der Person“ klingt in ihr nach. Und noch ein Wort ist hängen geblieben: das Gericht. Susanne sind Gerichte vertraut. Sie ist Gerichtsschreiberin, das Gericht ist ihr Arbeitsplatz. Davor steht eine Statue, die *Iustitia*. Die Gerechtigkeit. Jeden Morgen geht Susanne an dieser Lady mit den verbundenen Augen und der Waage in der Hand vorbei. Und häufig denkt sie: gut gemeint, aber viel zu oft nicht gut.
Ein Gericht soll ohne Ansehen der Person sein Urteil sprechen. Menschen mit – wie es heißt – bildungsfernem oder Migrationshintergrund sollen genauso behandelt werden wie Akademiker. Aber geht das überhaupt? In amerikanischen Todeszellen sitzen viel mehr Farbige und Arme als reiche Weiße. Und neulich hat Susanne von einer Studie gelesen: Jugendlichen

wurden zwei Bilder von derselben Frau vorgelegt. Das eine Mal hatte sie ein Kostüm mit Highheels an, das andere Mal sah sie aus, als lebte sie auf der Straße. Dass es dieselbe Frau war, hat niemand erkannt. Und die angebliche Frau von der Straße hat sofort Misstrauen geweckt. Die stiehlt, die trinkt. Vorurteile, die auch vor den Gerichten nicht halt machen. Trotz *Iustitia*. Aber hängen Reichtum und Armut nicht von tausend Zufällen ab?
Und jetzt dieser Brief von Jakobus. Eigentlich stimmt es, denkt Susanne. Natürlich müsste es in einer christlichen Gemeinde anders sein. Da müsste man aufeinander Rücksicht nehmen. Aber bei der Sprache geht es schon los. Sind unsere Gottesdiensten überhaupt verständlich oder grenzen wir nicht schon mit dem, wie wir sprechen, Menschen aus? Armut hat viele Gesichter. Arm sind nicht nur Mittellose, sondern auch Gescheiterte. Arbeitslose. Menschen mit Eheproblemen und schwierigen Kindern. Die, die wegen ihrer Bildung nicht teilhaben können. Man muss es ihnen noch nicht einmal ansehen. Aber wir spüren es sofort. Viele von ihnen stellen sich freiwillig nach hinten. Haben wir Platz für alle? Oder nur für die Erfolg- und Einflussreichen?
Vor dem Urteil steht das Vorurteil. Im Gericht und in der Kirche. Traurig, denkt Susanne, wenn in unserer Kirche der äußere Eindruck mehr gilt als das, was die Person ausmacht. Noch eines klingt in ihr nach: Hat nicht Gott die Armen erwählt, die im Glauben reich sind? Vielleicht sind wir alle arm vor Gott. Dann müssen wir neu nachdenken über Armut und Reichtum. Susanne blickt aus dem Fenster. Sie denkt: Vielleicht zeigt sich ja das, was ich bin, gar nicht an dem, was andere an mir sehen...

Oliver ist Pfarrer. Er ärgert sich. Jakobus greift in die Klischeekiste denkt er, und es fehlte nicht viel, da würde er mit der Faust auf den Tisch hauen. Sieht er denn nicht, dass wir jeden Cent brauchen? Die Landeskirche hat schon wieder am Stellenplan geschraubt. Und die Zuweisungen für Gebäude werden auch immer weniger. Wir brauchen dringend Spender. Neulich hat ein Gemeindemitglied eine Kirchenbank gestiftet. Und machen wir denn nicht viel für die Menschen, die uns brauchen? Frühstück für Wohnungslose, Spendenaktionen, Schuldnerberatung und Bildungsarbeit? Niemand kann uns vorwerfen, dass wir Arme schlecht behandeln.

Oliver stutzt. Gerade fällt ihm eine Situation ein. Neulich im Beerdigungsgespräch hatte er mit einer Frau zu tun, deren Mutter verstorben war. Er hatte die Frau nicht gekannt. Aber als er sie vor dem Pfarramt traf, war ihm die abgewetzte Plastik-Tüte aufgefallen, an die sie sich geklammert hatte. Erst hatte er sich nicht viel dabei gedacht. Dann hatte sie erzählt, dass sie arbeitslos geworden sei. Da hatte er auf einmal die unregelmäßig geschnittenen Haare gesehen. Die Strickjacke, die an den Ellbögen fadenscheinig geworden war. Das klapperige Fahrrad.

Er hatte sich dabei ertappt, wie er sich distanzierte. Eine arme Frau, hatte er gedacht. Tragisch, wie das Leben ihr mitgespielt hat. Eigentlich hatte sie eine gute Ausbildung als Kunstgeschichtlerin. Durch unglückliche Umstände hatte sie ihren Beruf verloren. Und Oliver war froh gewesen, als sie das Pfarramt wieder verlassen hatte. So, als würde Unglück anstecken. Dabei hatte sie ihm gar nichts vorgejammert. Gebettelt hatte sie erst recht nicht. Aber er hatte sich dabei ertappt, dass er froh gewesen war, einen sicheren Job zu haben. Mit ihrer Armut war es so, als hätte er der Möglichkeit seines eigenen Absturzes ins Gesicht geblickt. Und er hatte sich bei dem Gedanken erwischt: wahrscheinlich ist sie selbst schuld. *Blaming the victims*, nennen die Engländer das. Den Opfern die Schuld geben.

Oliver merkt, wie die Klischees ihm wegrutschen. Ihm fällt ein, wie Jesus die Armen selig gepriesen hat. Wie er ein Kind in die Mitte gestellt hat. Oliver zündet eine Kerze an. Ja, denkt er, wir brauchen die reichen Stifter, die unsere Glockenstühle und Fenster renovieren. Ohne sie wäre vieles in unserer Kirche nicht möglich. Aber sie haben nicht das Sagen. Das Sagen habe noch nicht einmal ich. Keiner hat mehr Rechte, nur weil er mehr geben kann. Ansehen haben wir, weil Gott uns ansieht. Der Gedanke ist ungewohnt. Aber ich sollte mal darüber predigen, überlegt Oliver.

Lioba schneidet Torten. Sie hat Gäste eingeladen und die Kaffeetafel gedeckt. Der Visitationsbrief liegt auf ihrem Küchentisch. Unbarmherziges Gericht wird über die ergehen, die keine Barmherzigkeit üben. Krächzend schreit das Wort in ihrem Kopf. Unbarmherzig. Lioba denkt an ihre Tochter. Es hatte alles so gut angefangen. Klavierunterricht. Sport. Gymnasium. Ein hervorragendes Abitur. Alle Wege hatten ihr offen gestanden. Studium in Berlin. Dann aber hatte die Tochter sich verändert. Mit der Kleidung hatte es begonnen, und die Haare sahen auf einmal anders aus. Raspelkurz. Und dann, vor einem Jahr: das Coming Out. Ich lebe mit einer Frau. Ich liebe sie. Lioba erinnert sich an den Schock. Das Gefühl, verraten worden zu sein. Habe ich nicht mein Leben für dich aufgegeben, hatte sie herausgewürgt, damit du alles hast, was du brauchst? Du brauchst nicht wiederzukommen, ich will dich nicht mehr sehen. Die Tochter hatte ausgesehen wie versteinert. Sie hatte ihr Elternhaus verlassen und sich nicht mehr gemeldet. Wochenlang war Lioba in Schockstarre. Lesbisch. Man weiß ja, wie diese Leute sind. Jetzt dieser Brief von Jakobus. Es hatte sie getroffen wie ein Keulenschlag. Unbarmherzig. Gericht. Nicht nach dem Ansehen richten. – Wie unbarmherzig gerichtet hat Lioba sich im letzten Jahr häufig gefühlt. So als würde sich ihr Verhalten ihrer Tochter gegenüber rächen. Es holt einen ein, denkt sie. Man wird es nicht los. Was steht da am Schluss: Barmherzigkeit triumphiert über das Gericht. Vielleicht ein Hoffnungszeichen. Glauben wir denn nicht an den barmherzigen Gott? Veränderung erscheint auf einmal möglich. Viel-

leicht ist das Gericht nicht das Ende. Nicht das Letzte. Noch eins gefällt Lioba gut: das „Gesetz der Freiheit". Freiheit von den schwarzen Gedanken-Krähen. Freiheit der Barmherzigkeit. Freiheit, einander zu vergeben. Neu anzufangen.
Lioba ist bei der letzten Torte angekommen. Am Kaffeetisch sind ihre Lieben versammelt. Die einzige, die fehlt, ist ihre Tochter. Sie wird heute Abend ihren Mut zusammennehmen und sie anrufen.

Susanne, Oliver und Lioba haben dem Jakobus eine E-Mail geschrieben. Als vielbeschäftigter Mann schreibt er eine kurze Mail an alle drei zurück:
Liebe Geschwister, erstaunlich, wie meine Worte bei euch eingeschlagen haben! Bei jedem von euch finde ich Spuren von Gottes Barmherzigkeit. Vielleicht kann man es auf einen ganz einfachen Nenner bringen: Gott unterscheidet zwischen dem, was wir sind, und dem was wir scheinen. Das ist seine Barmherzigkeit. Wir *sind* seine Kinder. Er liebt uns. Was wir *tun*, mögen wir arm oder reich sein, fügt dem nichts mehr hinzu. Niemand kann sich besser, und niemand kann einen anderen schlechter machen. Alle haben denselben Platz in Gottes Haus. Alle sieht Gott voller Barmherzigkeit an. Letztlich sind alle arm vor Gott und reich durch Gottes Barmherzigkeit. Nichts, was wir tun, macht uns in Gottes Augen besser. Und so sollen unsere Gemeinden sein: Versammlungen von Armen, die Gott reich macht. Von Armen, die Gott barmherzig ansieht, und bei denen darum kein Ansehen der Person herrschen soll. Gott segne euch. Euer Bruder Jakobus. Amen.

Erntedankfest: Matthäus 6,19-21

Mt 6,19-21
19 Ihr sollt euch nicht Schätze sammeln auf Erden, wo sie die Motten und
der Rost fressen und wo die Diebe einbrechen und stehlen. 20 Sammelt
euch aber Schätze im Himmel, wo sie weder Motten noch Rost fressen und
wo die Diebe nicht einbrechen und stehlen. 21 Denn wo dein Schatz ist, da
ist auch dein Herz.

Liebe Gemeinde,
ich möchte Ihnen von drei Menschen erzählen. Sie sind frei erfunden, aber sie erinnern mich an Menschen, denen ich begegnet bin. In mancher Hinsicht erinnern sie mich auch an mich selbst.

Margarete. Zu spät. Wie ein Kehrvers klingen die beiden Worte in ihrem Kopf. Darauf war sie nicht vorbereitet. Ihr Mann und sie hatten viele Jahrzehnte Kompromisse geschlossen. Jahrzehntelang hatte sie auf ihn verzichtet. Seine Arbeit ging vor. Später, hatte er immer gesagt. Die Kinder und der Haushalt – das waren ihre Aufgaben. Urlaub: höchstens eine Woche im Jahr, mehr war nicht drin, weil er nicht so lange weg konnte vom Geschäft. Und dann der Hausbau. Monatelang auf der Baustelle, jahrelang Verzicht wegen der Raten an die Bank. Auf vieles haben sie verzichtet. Wenn er erst einmal im Ruhestand ist, hatte sie sich immer wieder gesagt. Dann haben wir gemeinsame Zeit und können vieles nachholen, was wir nicht geschafft haben. Dann der lang ersehnte Tag. Eine große Verabschiedung. Anerkennende Worte von den Vorgesetzten, dankbare Worte von den Mitarbeitern, Geschenke – und immer wieder der Satz: *genießen Sie den wohlverdienten Ruhestand.* Nun hat die liebe Seele Ruh, waren ihre Gedanken an diesem Tag, als sie abends mit ihrem Mann bei einem Glas Wein im Sessel saß. Jetzt können wir uns ausruhen, essen und trinken und guten Mutes sein. Wir haben es geschafft. – Sie haben nicht lange Zeit gehabt. Nach nur zwei Tagen erlitt ihr Mann einen schweren Herzinfarkt, von dem er sich nicht erholte. Nach kurzer Pflege verstarb er im Krankenhaus. Wir können auf dieser Erde nichts festhalten. Was uns geschenkt wurde, kann uns wieder genommen werden. Das gilt für alles, auch für das Leben selbst. Zu spät. Wie ein Kehrvers klingen die Worte in ihrer Seele nach.

Johannes. Sammelt euch keine Schätze auf Erden. Er kann die Worte noch hören. Die Pfarrerin hat sie vorgelesen. Das klingt so, als hätte einer leicht reden, denkt er. Das kann man sagen, wenn man nichts hat. Dann kann man auch nichts festhalten. Aber *muss* ich nicht vorsorgen? Für Zeiten der Armut, für meine Kinder, für mein Alter? Leicht reden, denkt er noch einmal. Leicht... er dreht und wendet das Wort in seinem Mund, kaut es wie ein Stück Brot. Leicht. Leicht muss es sich angefühlt haben, damals, als Jesus mit seinen Freunden und Freundinnen umhergewandert ist. Sie sind mit leichtem Gepäck gereist. Haben von der Hand in den Mund gelebt. Sie wussten nicht, wo sie morgen sein werden. Und doch war ihr Leben – leicht. So stellt er es sich jedenfalls vor.

Johannes seufzt und denkt zurück. Er erinnert diese Leichtigkeit. Es gab eine Zeit in seinem Leben, da hat auch er sie gespürt. Da fühlte es sich leicht an. Zeit haben. Den Augenblick genießen. Es ist lange her, und es hatte nichts von der Schwere, die ihn jetzt manchmal belastet. Die Sorge um die Zukunft hat geschwiegen. Er denkt an Kindertage, als er sich nicht sorgen musste. Als er die Flecken auf den Flügeln des Marienkäfers gezählt hat und der Schnecke beim Kriechen zusah. Er denkt an Urlaube. Damals war sein Motto: Einfach losfahren. Es wird schon gut werden.

Wie wäre es jetzt, diese Leichtigkeit? Im Jetzt leben? Den Augenblick genießen als Geschenk? Wahrscheinlich wäre es nicht einfach. Denn es würde bedeuten, dass er großes Vertrauen haben müsste. Vertrauen, dass er nicht verhungern würde. Vertrauen, dass alles gut würde – auch ohne dass er alles versichern und absichern kann. Er müsste Kontrolle abgeben. Aber vielleicht hätte das Leben Tiefe. Es würde sich lebendig anfühlen. Einfach wäre es nicht. Aber leicht. Leicht und wahrscheinlich schön. Sammelt euch keine Schätze auf Erden, sammelt euch vielmehr Schätze im Himmel. – Da hat einer leicht reden, denkt Johannes noch einmal. Und vielleicht geht es ja genau darum: um die Leichtigkeit.

Heiner sitzt an seinem Schreibtisch und grübelt. Wo dein Schatz ist, ist auch dein Herz. Er grübelt nicht über die Leichtigkeit des Lebens, sondern über das erste Gebot. Seine Konfirmanden und Konfirmandinnen sollen verstehen, was das heißt: *ich bin der Herr, dein Gott. Du sollst keine anderen Götter haben neben mir.* Es soll etwas mit ihrem Leben zu tun bekommen. Heiner fragt sich: was ist eigentlich ein Gott? Ihm geht durch den Kopf: ein Gott, das ist alles, worauf du vertraust. Woran du dein Herz hängst, das ist dein Gott. Er wird seine Konfis fragen: was ist dir wichtig im Leben? Woran hängst du dein Herz? An gute Leistungen? An den MP3-Player und die Spiele? Heiner hält inne und überlegt: woran hängt eigentlich *mein* Herz? Daran, dass ich ausgesorgt habe für den Ruhestand? Oder an einem Menschen, von dem ich erwarte, er möge mein Leben gelingen lassen? Er hat schon Paare getraut, bei denen es genau so war. Manche haben schwere Krisen in ihrer Ehe erlitten, manche haben sich sogar getrennt. Und was trägt dann noch im Leben? Ein Spruch fällt ihm ein. Er hat ihn schon oft gehört und manchmal selbst gesagt: Hauptsache gesund. Hänge ich mein Herz an meine Gesundheit? Tue ich alles dafür, dass ich mir ein langes Leben sichern kann? Sport, gute Ernährung? Was ist, wenn ich meine Gesundheit verliere, von einem Tag auf den anderen? Was, wenn ich sogar mein Leben verliere: habe ich mein Herz an etwas gehängt, das meine Sehnsucht erfüllt und mein Leben trägt?

Drei Geschichten, drei Menschen, drei Erfahrungen: Zu spät. Sammelt euch keine Schätze auf Erden. Wo dein Schatz ist, da ist auch dein Herz. Ich glaube: Es geht heute, an Erntedank und in unserem Predigttext, um Entdecken und Gewinnen, um Genuss und Leichtigkeit. Ich glaube auch: Jesus ermutigt uns nicht zum Verzicht, sondern zum Genuss. Mir wird aber auch deutlich: man kann den Genuss nicht ein Leben lang aufschieben.

Freude und Genuss sind Geschwister des Dankes. Dank wie - Erntedank. Viele Gaben haben wir in unserer Kirche zusammengetragen. Dicke Kürbisse. Duftende Äpfel. Frisches Brot und leuchtend bunte Blumen. Gaben, an denen wir uns freuen dürfen, die wir - oder andere - genießen sollen. Die Erntegaben in unserer Kirche spiegeln die Fülle des Lebens: seine Buntheit, seine Lebendigkeit. Das blühende, duftende, verschwenderisch schöne Leben mit allem, was dazu gehört - auch mit Wein, der des Menschen Herz erfreut. Dass der Schöpfer es auch in diesem Jahr so gut mit uns gemeint hat, ist ein Grund zur Freude!

Nun weiß jeder von uns, was geschehen würde, wenn wir diese Gaben einfach in unserer Kirche behalten würden. Wenn wir sie sammeln und einschließen und nicht genießen würden. Sie würden verderben. Schon schnell würden sie ihre leuchtenden Farben verlieren, ihren Duft und ihre Schönheit.

Wenn wir die Gaben, die wir zum Genuss und zur Freude geschenkt bekommen, als Schätze verstehen und unser Herz daran hängen, merken wir, wie schnell wir mit leeren Händen dastehen können. Das gilt nicht nur für die Erntegaben am Erntedankfest. Es gilt genauso für die Gabe der Gesundheit, die Gabe der Beziehungen, die Gabe der Kinder, die Gabe des Reichtums und die Gabe des Lebens. Wenn wir unser Herz an Gaben hängen, die uns zwischen den Fingern zerrinnen können, kann es sein, dass sich irgendwann die Erkenntnis einstellt: es ist zu spät. Als ich sie hätte pflegen und genießen sollen, habe ich sie gesammelt und verschlossen, und jetzt werden sie mir genommen.

Gaben sind keine Schätze, die man sammeln und sich aufsparen kann. Das haben die Israeliten erfahren, als ihnen das Manna über Nacht verdarb. Das hat der reiche Kornbauer erfahren, als er am Ende seine Ernte nicht mehr genießen konnte. Das hat Margarete erleiden müssen, als ihr Mann und sie das Leben immer wieder verschoben haben: aus dem *später* wird irgendwann das *zu spät*. Gaben sind dazu da, gefeiert, genossen und geteilt zu werden. Wenn wir sie genießen, feiern und teilen, würdigen wir sie als das, was sie sind: Geschenke des Schöpfers, der seine milde Hand auftut und alles mit Wohlgefallen sättigt, was da lebet.

Der Kornbauer und seine modernen Verwandten verwechseln Gabe und Schatz und haben eines nicht verstanden: dass man das Leben nicht aufschieben kann. Es will in allem Reichtum, in aller verschwenderischen bunten Fülle, mit allen Gaben, die es bereit hält, jetzt und hier gelebt, geliebt und genossen werden. Es kann nicht gemacht und kontrolliert werden, sondern es ist und bleibt – Geschenk. Zugegeben: es gibt Zeiten im Leben, da fließen die Geschenke reichlich, und andere Zeiten, da bleiben unsere Hände eher leer. Aber auch in dunklen und kargen Zeiten lohnt es sich, das Auge für die Gaben zu schulen, die auch jetzt auf mich warten: das gute Wort und der verstehende Blick. Die tröstende Umarmung. Das Leben selbst. Und die Leichtigkeit des Lebens stellt sich ein, sie entsteht, wenn wir

uns mit offenen Händen und offenen Augen mit den Gaben beschenken lassen, die Gott für uns bereit hält.
Sammelt euch Schätze im Himmel. An diesem Erntedanktag ermutigt Jesus uns, zu Schatzsuchern zu werden. Wo dein Schatz ist, da ist dein Herz. Häng dein Herz an den Schatz und nicht an die Gabe! Aber was ist denn der Schatz im Himmel, könntet ihr fragen. Ich glaube, es ist ganz leicht. Nicht einfach, aber leicht. Der Schatz im Himmel bedeutet, dass wir uns die Gaben des Lebens schenken lassen. Die Zeit, die uns gegeben ist mit all ihrer Begrenzung. Die Zeit, die ein anderer mit uns teilt. Die Begegnung, bei der unsere Seelen einander berühren. Der Schatz im Himmel bedeutet, hinter jeder Gabe den Geber zu entdecken, der es gut mit uns meint und der uns gibt, was wir brauchen. Den Schatz im Himmel zu sammeln und zu vermehren, das bedeutet, unser Vertrauen wachsen zu lassen und unsere Hände zu öffnen. Im Geber liegt der Schatz, nicht in der Gabe, und hier liegt unser Herz richtig. Wo dein Schatz ist, ist auch dein Herz. Lassen Sie uns miteinander auf Schatzsuche gehen. Der Tisch ist reich gedeckt, lasst uns die Hände mit guten Gaben füllen lassen, dass wir den Geber loben. Amen.

21. Sonntag nach Trinitatis: Johannes 15,9-17

Liebe Gemeinde,

Abschied ist schwer. Ein junges Paar steht auf dem Bahnhof. Er wird gleich einsteigen, sie wird zurückbleiben. Die beiden werden sich eine längere Zeit lang nicht sehen. Sie halten sich aneinander fest, um einander noch einmal zu spüren. Der Abschiedsschmerz hält sie gefangen, auch wenn sie noch gar nicht getrennt sind. Sie müssen den gemeinsamen Raum hinter sich lassen, jeder muss sich in seinem neuen Raum ohne den geliebten anderen orientieren.
Abschied ist schwer. Nicht nur auf dem Bahnhof. Besonders schwer ist ein Abschied, wenn wir wissen, wir werden den geliebten Menschen in diesem Leben nicht wiedersehen. Abschied auf dem Friedhof. Auch dann müssen Menschen ihre Räume neu ordnen. Die Wohnung ist leer ohne den anderen, das Bett ist leer, so ganz alleine. Mein Leben ist leer geworden. Der weite Raum fühlt sich einsam an.
Jeder Abschied ist schwer. Wir müssen lernen, alleine zu leben. Loszulassen und Neues zu beginnen. Leere Räume auszuhalten und Räume zu verlassen, die wir mit einem anderen geteilt haben. Das tut weh.

Unser Predigt-Text ist ein Abschiedstext. Ein Abschied wirft seine Schatten voraus. Es wird schwer werden. Nach der Dramaturgie des Johannes-Evangeliums sind wir am Abend, bevor Jesus stirbt. Es sind die Abschiedsreden, nach der Fußwaschung, dort, wo die anderen Evangelien vom letzten Abendmahl berichten. Der Abschied hängt in der Luft wie ein schwerer Vorhang. Alle ahnen, es ist der letzte Abend. Nach diesem Abend wird alles anders werden. Der Raum wird leer sein. In dieser Situation berichtet der Evangelist, wie Jesus seine Jünger auf den Abschied vorbereitet.

Joh 15,9-17
9 Wie mich mein Vater liebt, so liebe ich euch auch. Bleibt in meiner Liebe!
10 Wenn ihr meine Gebote haltet, so bleibt ihr in meiner Liebe, wie ich meines Vaters Gebote halte und bleibe in seiner Liebe. 11 Das sage ich euch,
damit meine Freude in euch bleibe und eure Freude vollkommen werde.
12 Das ist mein Gebot, dass ihr euch untereinander liebt, wie ich euch liebe.
13 Niemand hat größere Liebe als die, dass er sein Leben lässt für seine
Freunde. 14 Ihr seid meine Freunde, wenn ihr tut, was ich euch gebiete.
15 Ich sage hinfort nicht, dass ihr Knechte seid; denn ein Knecht weiß nicht,
was sein Herr tut. Euch aber habe ich gesagt, dass ihr Freunde seid; denn alles, was ich von meinem Vater gehört habe, habe ich euch kundgetan.
16 Nicht ihr habt mich erwählt, sondern ich habe euch erwählt und bestimmt, dass ihr hingeht und Frucht bringt und eure Frucht bleibt, damit,
wenn ihr den Vater bittet in meinem Namen, er's euch gebe. 17 Das gebiete
ich euch, dass ihr euch untereinander liebt.

Wie wird das Leben weitergehen, wenn er nicht mehr bei uns ist? Morgen um diese Zeit wird der Raum leer sein, mindestens einer wird nicht mehr da sein. Ich stelle mir vor, wie die Worte im Raum verklingen. Einen Abend vor dem Tod. Der Raum wird eng, die Tür geht zu. Es scheint, als sei das Ende gekommen.
Mit seinen Abschiedsworten eröffnet Jesus einen neuen Raum, einen Raum, in dem die Freunde bleiben können, ein Raum, der den Freunden bleibt. Der Text spielt mit dem Wort *bleiben*: bleibt in mir, und ich bleibe in euch. Bleibt in meiner Liebe, und eure Frucht wird bleiben. Die Worte klingen nach, und

es sind nicht nur Worte, sondern es eröffnet sich ein Raum, in dem Menschen bleiben können, ein Raum, der wohl tut. So als würde sich eine Tür öffnen.

Schon vor diesem letzten Abend hat Jesus, wie Johannes berichtet, immer wieder Räume eröffnet: für die Hochzeitsgesellschaft in Kana, die auf dem Trockenen saß, weil der Wein ausging: einen Raum der Lebensfreude. Für die Ehebrecherin, um die sich der Ring der Anklage so bedrohlich geschlossen hatte, dass ihr kein Raum mehr blieb: einen Raum der Vergebung. Für den Kranken, der seit 38 Jahren am Teich Betesda auf seine Heilung gewartet hatte. Für den sich der Lebensraum jahrzehntelang auf einen winzigen Radius beschräkt hatte: einen Raum des Neubeginns. Für seinen Freund Lazarus, der schon seit vier Tagen im Grab gelegen hatte: einen Raum des Lebens. Johannes erzählt, wie Jesus für diese und noch andere einen Raum eröffnet. Einen Hoffnungsraum, einen Lebensraum. Türen hatten sich geöffnet, wo alles verschlossen schien. Ein Lebensraum für Menschen, die ihr Leben am Ende wähnen.

Johannes weiß auch: Jesus konnte vielen Menschen einen Raum eröffnen, weil *er selbst* in einem weiten Raum lebte. Zwischen ihm, dem Sohn, und Gott dem Vater eröffnet sich der Raum der Liebe. Der Raum der Liebe verbindet die beiden seit dem Beginn der Welt. Am Anfang war das Wort, das Wort der Liebe, und das Wort war bei Gott. Und indem Jesus Christus, Gottes leibhaftiges Wort der Liebe, in die Welt gekommen ist, hat er diesen Raum der Liebe eröffnet für Menschen, die ihm begegnet sind: für zwölf Freunde und noch mehr Menschen, die Jesus anrührt und bewegt. Jesus der Christus lässt Menschen in diesen Raum der Liebe eintreten, der zwischen ihm und dem Vater im Himmel besteht. Er hat den Himmel auf die Erde gebracht, eine Weite und Freiheit ermöglicht, die Menschen aus ihren engen und verschlossenen Räumen hinausführt. Die Ehebrecherin kann Verantwortung übernehmen, weil ihr nicht mehr die Luft abgeschnürt wird. Der Kranke am Teich Betesda steht auf, obwohl er selbst schon nicht mehr daran geglaubt hatte. Lazarus tritt aus der Enge seines Grabes.

An seinem letzten Abend hängt die Ahnung des Abschieds über dem Raum. Eine Tür wird sich schließen. Wie wird es weitergehen? Mit seinen Worten öffnet Jesus eine neue Tür. Er eröffnet einen Raum, wo sich vorher der dunkle Schleier der Angst lähmend auf die Stimmung gelegt hat. Er öffnet eine Tür ins Leben. Ihr seid meine Freunde, sagt er. Nicht meine Knechte, die in einer kleinen Kammer hausen und mit der Enge zufrieden sein müssen. Die Angst haben vor Strafe und Willkür. Ihr seid meine Freunde, und ihr liegt mir so sehr am Herzen, dass ich mich für euch hingebe. Mit meiner Hingabe wird der Raum, den ich für viele eröffnet habe, offen bleiben für alle Zeit und für alle Menschen.

Das Kreuz hält den Raum der Liebe offen. Am Karfreitag gibt Jesus, gibt Gott selbst sich hin und überwindet das Böse mit Gutem. Auch wenn es zuerst so scheint, als würde eine Tür zufallen: der Raum der Liebe bleibt geöffnet, weil die Liebe sich nicht dazu hinreißen lässt zurückzuschlagen. Weil der Raum der Liebe so weit ist, dass Hass und Angst ihn nicht verschließen können. Das Kreuz hält den Raum offen. Die Liebe schlägt nicht zurück. Sie macht die Machtspielchen nicht mit. Sie liefert sich aus und bleibt stark. Auch wenn es zuerst so scheint, als sei die Liebe gestorben und die Tür zugefallen. Am Ostersonntag, als der Stein vom Grab gerollt wird, öffnet sich der Raum der Liebe endgültig, für alle Zeit und für die ganze Welt. Die Liebe hat den Tod erlitten und überwunden.

Jesus öffnet an seinem letzten Abend für seine Freunde und für uns einen neuen Raum. Unerwartet. Einen Raum des Lebens und der Hoffnung. Bleibt in diesem Raum der Liebe, ruft er uns zu. Tritt ein, die Tür ist offen! Wenn du eintrittst, so leg ab, was dich belastet. Deine Verletzungen und das, womit du andere verletzt. Deine Sorgen und deine Angst um die Zukunft. Deine Trauer. Deine Last. Tritt ein und atme auf. Komm zur Ruhe. Schöpfe neue Kraft und neue Hoffnung. Lass dir Gutes tun! Kein Raum ist endgültig geschlossen, auch wenn wir in diesem Leben von Abschied zu Abschied gehen. Abschied ist schwer, aber kein Raum bleibt endgültig eng. Der Raum der Liebe Gottes hat seit Ostersonntag weit geöffnete Türen.

Die Türen öffnen sich bis nach Oftersheim. Heute, da sich 14 Kandidaten und Kandidatinnen für den neuen Kirchengemeinderat vorstellen, ist der Raum der Liebe genauso geöffnet wie an jedem anderen Tag. Es tut an einem Tag wie heute ganz besonders gut daran zu denken. Nicht wir öffnen in unserer Gemeinde einen Raum. Wir haben den Schlüssel nicht in der Hand. Wir tragen Verantwortung und wir arbeiten mit, an unserer Stelle, und es ist gut, dass sich Menschen gefunden haben, die Lust haben, mitzuarbeiten. Mit uns steht und fällt aber die Kirche Jesu Christi nicht. Die Kirche Jesu Christi, das ist der Raum der Liebe, der für uns und für alle geöffnet ist.
Kurz vor dem Abschied fordert Jesus seine Freunde und uns auf: bleibt in diesem Raum! Liebt einander, liebt sogar eure Feinde. Ich glaube: wenn wir eintreten in den Raum der Liebe und in ihm bleiben, dann werden wir verändert. Unsere Räume der Angst und der Sorgen werden weit, und wir werden frei, anderen wirklich zu begegnen. Im Raum der Liebe muss niemand Angst haben, dass andere ihm zu nahe treten oder ihm die Luft abschnüren. Im Raum der Liebe muss niemand seine Position oder sein Eigen-

tum wachsam verteidigen. Für die Ehebrecherin und alle, die sich schuldig gemacht haben, eröffnet sich ein Raum der Vergebung, und sie können wagen, Verantwortung zu übernehmen. Für den Kranken und alle, die gelähmt sind an Leib und Seele, eröffnet sich ein Raum, in dem sie den Mut finden, sich auf ihre Füße zu stellen. Für den toten Lazarus und alle, die dem Tod ins Auge sehen, eröffnet sich das Leben. Es könnte sein, dass in diesem Raum auch aus Menschen, die wir für Feinde gehalten haben, Freunde werden. Es könnte sein, dass sich im Raum der Liebe die Grenzen verwischen zwischen Feind und Freund.

Ich gebe zu und ich weiß es selbst: in den Raum einzutreten, ist riskant. Manchmal bleibe ich selbst lieber draußen stehen, weil ich Angst vor dem habe, was sich vielleicht ereignen könnte. Aber gebe Gott uns Mut zum Risiko und zur Lebendigkeit. Nicht nur mit Blick auf die Kirchengemeinderatswahl, sondern mit Blick auf unser ganzes Leben und unsere Kirche. Amen.

Predigtreihe „Kann denn Liebe Sünde sein?"
Jedem Anfang wohnt ein Zauber inne: Adam und Eva

Liebe Gemeinde,

Jedem Anfang wohnt ein Zauber inne, der uns beschützt und der uns hilft zu leben. So hat Hermann Hesse gesagt. Anfänge sind besonders. Wenn alles noch frisch ist und unverbraucht. Der Anfang einer Liebe. Der Anfang mit einem neugeborenen Kind. Manchmal auch der Anfang eines Jahres. Anfänge sind besonders. Nicht immer sind sie zauberhaft. Für Trauernde, die einen Menschen verloren haben, ist der Anfang des Lebens ohne den geliebten Anderen steinig und schwer. Aber auch schwere Anfänge sind besonders.

An den Anfang kehre wir heute zurück, zum ersten Liebespaar der Bibel, Adam und Eva. Von diesem Anfang erzählt die Bibel: Gott der HERR machte den Menschen aus Erde vom Acker und blies ihm den Odem des Lebens in seine Nase. Und so ward der Mensch ein lebendiges Wesen. (Gen 2,7) Der Mensch, das ist Adam, der so heißt, weil er von Erde genommen wurde, von der Adama. Für Adam, den Erdling, ist der Anfang einsam. Er bekommt eine Aufgabe. So geht die Erzählung weiter: Gott der HERR nahm Adam und setzte ihn in den Garten Eden, dass er ihn bebaute und bewahrte. Gott der HERR gebot Adam und sprach: Du darfst essen von allen Bäumen im Garten, aber von dem Baum der Erkenntnis des Guten und Bösen sollst du nicht essen; denn an dem Tage, da du von ihm isst, musst du des Todes sterben. Und Gott der HERR sprach: Es ist nicht gut, dass Adam allein sei; ich will ihm eine Gehilfin machen, die um ihn sei. (Gen 2,15-18)

Da sitzt er nun im Garten Eden, im Paradies. Er hat eine Aufgabe, aber kein Gegenüber. Der Anfang ist einsam. Das sieht Gott ein und beschließt, dass Adam eine Gefährtin bekommen soll. So erschafft er zunächst die Tiere, die

der Reihe nach benannt werden – ein Gegenüber auf Augenhöhe ist nicht darunter. Dann erst lesen wir, und es ist, als hätte Gott dazu gelernt: Da ließ Gott der HERR einen tiefen Schlaf fallen auf Adam, und er schlief ein. Und er nahm eine seiner Rippen und schloss die Stelle mit Fleisch. Und Gott der HERR baute eine Frau aus der Rippe, die er von Adam nahm, und brachte sie zu ihm. Da sprach Adam: Das ist doch Bein von meinem Bein und Fleisch von meinem Fleisch; man wird sie Männin nennen, weil sie vom Manne genommen ist. Darum wird ein Mann seinen Vater und seine Mutter verlassen und seiner Frau anhangen, und sie werden sein *ein* Fleisch. Und sie waren beide nackt, Adam und seine Frau, und schämten sich nicht. (Gen 2,21-25)
Adam, der Erdling, erhält ein Gegenüber, das ihm in allem gleicht und doch seinen Mangel ausgleicht. Der Anfang aller menschlichen Liebe ist gemacht. Adam bekommt an der Seite eine offene Stelle. Seine Sehnsucht nach Ganzheit wird erfüllt. Männin heißt sie, *Ischa*, die Frau, weil sie vom *Isch*, dem Mann, genommen wurde. Abgeleitet ist sie nicht, erst recht nicht weniger wert. Die Rippe ist dem Herzen nahe, so wie die Liebende dem Geliebten, und umgekehrt.

Weiter erfahren wir nichts. Wir wissen nichts vom Alltag im Paradies und der Schönheit des Lebens. Wir erfahren nichts von der Mühelosigkeit der Unschuld, nichts von der Zwanglosigkeit der Nacktheit und nichts von der Ungetrübtheit des Einverständnisses. Sowohl des Einverständnisses der beiden miteinander als auch des Einverständnisses der beiden mit Gott dem Schöpfer. Niemand berichtet uns von den Spaziergängen, die Gott im Garten unternimmt, und seinen Unterhaltungen mit dem ersten Menschenpaar. Und wir erfahren nichts davon, wie die beiden sich ernährt haben und was sie besonders mochten.

Warum eigentlich nicht? Die biblischen Schriften sind nicht daran interessiert, uns über das Paradies zu informieren, weil das Paradies verloren ist.

Aber wir ahnen etwas vom Zauber des Anfangs, und die Sehnsucht nach dem Paradies liegt in uns. Die Sehnsucht nach der unschuldigen Einheit mit unserer Natürlichkeit und unserem Ursprung. Die Sehnsucht nach der unschuldigen Einheit mit Partner oder Partnerin, ohne Scham.
Aber das Paradies ist verloren, und mit diesen Worten berichtet die Bibel davon (Gen 3,1-7): Aber die Schlange war listiger als alle Tiere auf dem Felde, die Gott der HERR gemacht hatte, und sprach zu der Frau: Ja, sollte Gott gesagt haben: Ihr sollt nicht essen von allen Bäumen im Garten? Da sprach die Frau zu der Schlange: Wir essen von den Früchten der Bäume im Garten; aber von den Früchten des Baumes mitten im Garten hat Gott gesagt: Esset nicht davon, rühret sie auch nicht an, dass ihr nicht sterbet! Da sprach die Schlange zur Frau: Ihr werdet keineswegs des Todes sterben, sondern Gott weiß: an dem Tage, da ihr davon esst, werden eure Augen aufgetan, und ihr werdet sein wie Gott und wissen, was gut und böse ist. Und die Frau sah, dass von dem Baum gut zu essen wäre und dass er eine Lust für die Augen wäre und verlockend, weil er klug machte. Und sie nahm von der Frucht und aß und gab ihrem Mann, der bei ihr war, auch davon und er aß. Da wurden ihnen beiden die Augen aufgetan und sie wurden gewahr, dass sie nackt waren, und flochten Feigenblätter zusammen und machten sich Schurze.
Ist Eva tatsächlich die Verführerin aus der langen Tradition der Auslegungsgeschichte? Die Schlange die Wegbereiterin zur Sünde, die verführbare und verführende Frau und der verführte Mann? Zum Opfer werden sie beide. Zum Opfer ihres eigenen Vertrauensverlustes und ihrer Neugierde. Zum Opfer ihrer Suche nach Wissen. Was wäre gewesen, wenn die beiden die Frucht nicht gegessen hätten? Die Frage ist müßig. Sie nimmt die Eigendynamik nicht ernst, die im Gespräch von Schlange und Frau, von Frau und

Mann entsteht. Wie eine Lawine gewinnt die Frage an Fahrt und Gewicht: sollte Gott gesagt haben, ihr dürft nicht von allen Bäumen essen?
Sich zu überlegen, was wäre gewesen wenn, ist müßig. Wenn es um die Liebe geht, ganz besonders. Natürlich weiß Eva eigentlich, dass der Baum ihr verboten ist. Genauso wie wir alle eigentlich wissen, was in der Liebe gut ist und was nicht. Aber wie der Apfel da hängt, rund und süß, duftend und appetitlich: kann sie sich da noch wehren? Muss sie nicht auch der Schlange beweisen, dass sie ihr eigenes Leben führt? Hat Gott ihr wirklich etwas so Lust bringendes verboten? Warum eigentlich? Ich weiß, dass viele meinen, Eva würde erst mit dem Genuss der verbotenen Frucht erwachsen. Gott achte die Freiheit des Menschen, mit der er sich entscheidet zu essen. Tatsächlich nimmt Adam freiwillig die Frucht, die Eva ihm hinhält. Genauso wie Eva freiwillig die Frucht vom Baum gepflückt hat, weil die Schlange in ihr die Sehnsucht geweckt hat.
Aber stimmt das eigentlich mit der Freiwilligkeit? Je länger ich nachdenke, desto weniger leuchtet mir das Konzept des freien Willens ein. Können wir Gott wirklich aus freiem Willen lieben? Kann Eva Adam wirklich aus freiem Willen lieben? Lieben wir einander aus freiem Willen? Und essen beide die Frucht wirklich nur aus freiem Willen? Wäre es alles aus freiem Willen geschehen, so hätte man es ja ebenso gut auch vermeiden können. Ließen sich unsere Beziehungskrisen und Vertrauensbrüche auf den freien Willen reduzieren, so könnten wir uns Scheidungen und Trennungen, Verletzungen und viel Schmerz ersparen.
Die Geschichte von Adam und Eva hat eine tragische Seite, so wie alle unsere Verletzungs- und Scheitergeschichten. Eva weiß nur zu gut, dass sie nicht vom Baum essen sollte. Irene weiß nur zu gut, dass sie eine Schwangerschaft nicht mit aller Macht durchdrücken sollte. Genauso wie Erik, der nur

zu gut weiß, dass die Anziehungskraft, die Susanne auf ihn ausübt, nicht gut ist. Denn er ist nicht mit Susanne, sondern mit Simone verheiratet.

Das Erwachen kommt, wie so oft, im Nachhinein. Die Augen werden ihnen geöffnet und sie erkennen, dass sie nackt sind. Nackt und bloß, schutzlos. Sie schämen sich. Scham ist mühsam und anstrengend. Wer sich schämt, muss sich selbst in die Augen sehen. Und er muss dem ins Auge sehen, was er angerichtet hat. Seine Vertrauenslosigkeit und seine Schuld aushalten. Die Infragestellung des Paradieses.

Weil das so schwer ist, sind wir Meister im Verschieben von Schuld. Bei Adam und Eva geht es los: (Gen 3,11-13) Gott sprach: Wer hat dir gesagt, dass du nackt bist? Hast du nicht gegessen von dem Baum, von dem ich dir gebot, du solltest nicht davon essen? Da sprach Adam: Die Frau, die du mir zugesellt hast, gab mir von dem Baum und ich aß. Da sprach Gott der HERR zur Frau: Warum hast du das getan? Die Frau sprach: Die Schlange betrog mich, sodass ich aß. – Ich war's nicht, die Umstände waren es, die Frau, die Schlange, und letztlich du, Gott, denn du hast mir diese Frau gegeben und die Schlange gemacht.

Verantwortung will nicht verschoben, sondern übernommen werden. Warum ist das so schwer? Warum fällt es Simone und Erik so schwer, als ihre Ehe in einer echten Krise ist? Warum kann Martin so schwer eingestehen, dass auch er eine Schuld daran trägt, dass seine Liebe gescheitert ist? Der Zauber des Anfangs währt bei Adam und Eva nicht lange, schnell hat sie die Wirklichkeit eingeholt, und sie tragen die Folgen: Arbeiten im Schweiß des Angesichts, haben Schmerzen beim Kinderkriegen und Sehnsucht nacheinander, die immer wieder ungestillt bleibt. Der Garten Eden ist verschlossen und wird schwer bewacht. Es gibt keine Rückkehr ins Paradies.

Ich trage Eva in mir. Sie ist die Mutter aller Lebenden geworden, denn das bedeutet der Name, den ihr Mann Adam ihr gab. Die beiden sind einander treu geblieben. Sie haben den Weg aus dem Paradies gemeinsam gemeistert und Kinder bekommen. Auch diese Geschichte endet tragisch, mit einem erschlagenen Bruder. Die Verstrickung von Tragik und Schuld begleitet ihre Beziehung. Diese Verstrickung von Tragik und Schuld, die auch unsere Lieben und Ehen prägt und manchmal so schwer macht. Wider besseres Wissen, so wie Adam und Eva, tun wir, was nicht gut ist, immer wieder. Auf die Frage Warum bekommen wir meistens keine Antwort.
Mich rührt an, dass Gott den beiden nicht das Leben genommen, sondern sie sogar noch geschützt hat. Gott, dessen Vertrauen sie in den Wind geschossen haben, gibt ihnen Kleidung. Er sorgt für sie und ihr Wohlergehen, er schützt sogar ihre Scham. Auch wenn der Anfang verloren ist: Gott schenkt einen neuen Anfang jenseits von Eden.

Gott schenkt immer wieder einen neuen Anfang jenseits von Eden. Jenseits unserer Sündenfälle. Einmal hat er es endgültig getan: der neue Anfang liegt wieder in einem Garten. In diesem Garten gibt es keine verbotene Frucht und keine Verschiebung der Schuld. Kein „ich war's nicht, der war's", sondern ein „ich bin's", ich gebe mich hin, damit sie lernen, zu ihrer Schuld und ihrer Verantwortung zu stehen, und damit der Kreislauf von Schuld und Tragik, die Eigendynamik der Sünde unterbrochen wird.
Ich bin's, sagt Jesus im Garten Gethsemane. Jesus Christus, den Paulus auch den neuen Adam nennt. Jesus Christus, der neue Adam, dessen Leben stärker ist als der Tod. Ich bin's, sagt er, damit du sagen kannst: ich war's. Damit wieder Vertrauen wachsen kann und Vergebung die Tragik heilt. Dafür schenkt Gott den neuen Anfang. Er schließt auf die Tür zum schönen Paradeis. Der Cherub steht nicht mehr dafür. Gott sei Lob, Ehr und Preis. Amen.

Printed by Books on Demand GmbH, Norderstedt / Germany